땅속의 용이 울 때

땅속의 용이 울 때

초판 1쇄 인쇄 2023년 4월 30일
초판 1쇄 발행 2023년 5월 10일

지은이 이어령
엮은이 김태완
펴낸이 정해종

펴낸곳 ㈜파람북
출판등록 2018년 4월 30일 제2018 – 000126호
주소 서울특별시 마포구 토정로 222 한국출판콘텐츠센터 303호
전자우편 info@parambook.co.kr　**인스타그램** @param.book
페이스북 www.facebook.com/parambook/　**네이버 포스트** m.post.naver.com/parambook
대표전화 (편집) 02 – 2038 – 2633 (마케팅) 070 – 4353 – 0561

ISBN 979-11-92964-22-5　　03120
책값은 뒤표지에 있습니다.

용이 울 때

땅속의

끝나지 않은 한국인 이야기 2

이어령

이어령 지음 | 김태완 엮음

파람북

꼬부랑 할머니가 꼬부랑 고개를 넘어가는 이야기

아라비아에는 아라비아의 밤이 있고 아라비아의 이야기가 있습니다. 천하루 밤 동안 왕을 위해서 들려주는 이야기들입니다. 왕이 더 이상 듣기를 원하지 않으면 셰에라자드의 목은 사라집니다. 이야기가 곧 목숨입니다. 이야기가 끊기면 목숨도 끊깁니다.

한국에는 한국의 밤이 있고 밤마다 이어지는 이야기가 있습니다. 어렸을 때 들었던 꼬부랑 할머니의 이야기입니다. 아이는 할머니에게 이야기를 조릅니다. 할머니는 어젯밤에 했던 똑같은 이야기를 되풀이합니다. 꼬부랑 할머니가 꼬부랑 지팡이를 짚고 꼬부랑 고개를 넘다가 꼬부랑 강아지를 만나….

아이는 쉴 새 없이 꼬부랑이란 말을 따라 꼬불꼬불 꼬부라진 고갯길을 따라갑니다. 그러다가 이야기 속 그 고개를 다 넘지 못한 채 잠들어버립니다. 다 듣지 못한 할머니의 이야기들은 겨울밤이면 하얀 눈에 덮이고 짧은 여름밤이면 소낙비에 젖어 흘러갈 것입니다.

이야기 속으로

정말 이상한 이야기가 아닙니까. 왜 모두 꼬부라져 있는지. 가도 가도 꼬부랑이란 말만 되풀이되는데, 왜 같은 이야기를 매일 밤 조르다 잠들었는지 모릅니다. 옛날 옛적으로 시작하는 그 많은 이야기는 모두 다 잊혔는데, 꼬부랑 할머니의 이야기만은 아직도 남아 요즘 아이들이 부르는 노랫소리에서도 들을 수 있습니다. 신기한 일이 아니겠습니까. 이렇다 할 줄거리도 없고 신바람 나는 대목도 눈물 나는 장면도 없습니다. 그저 꼬부라지기만 하면 됩니다. 무엇이든 꼬부랑이란 말만 붙으면 다 좋습니다.

왜 모두가 꼬부랑일까요. 하지만 이렇게 묻는 우리가 이상합니다. 왜냐하면 옛날 할머니들은 누구나 다 꼬부랑 할머니였고, 짚고 다니던 지팡이도 모두 꼬부라져 있었지요. 그리고 나들이 다니던 길도 고갯길도 모두가 꼬불꼬불 꼬부라져 있었습니다. 외갓집으로 가는 논두렁길이나 나무하러 가는 산길이나 모두가 다 그랬습니다.

그러고 보니 생각납니다. 어렸을 때 말입니다. '너와 나'를 '너랑 나랑'이라고 불렀던 시절 말입니다. 그러면 정말 '랑' 자의 부드러운 소리를 타고 꼬부랑 할머니, 꼬부랑 고갯길이 보입니다. 한국 사람들이 잘 부르는 아리랑 고개도 틀림없이 그런 고개였을 겁니다. '꼬부랑' '아리랑' 말도 닮지 않았습니까. 이응으로 끝나는 콧소리 아름다운 세 음절의 낱말. 아리고 쓰린 아픔에도 '랑' 자 하나 붙이면 '아리랑'이 되고 '쓰리랑'이 됩니다. 그 구슬프면서도 신명 나는 노랫가락을 타고 한국인이 살아온 온갖 이야기가 들려옵니다.

그러고 보니 한국말도 아닌데 '랑' 자 붙은 말이 생각납니다. '호모 나랑스'란 말입니다. 인류를 분류하는 라틴말의 학명이라는데, 조금도 낯설지 않은 것을 보면 역시 귀에 익은 꼬부랑의 그 '랑' 자 효과 때문인 듯싶습니다. 지식이나 지혜가 있다고 해서 '호모 사피엔스'요, 도구를 만들어 쓸 줄 안다 해서 '호모 파베르'라고 하는가, 아닙니다. 몰라서 그렇지 과학 기술이 발전한 오늘날에는 그런 것이 인간만의 특성이요 능력이 아니라는 점이 밝혀졌습니다. 그러나 어떤 짐승도, 유전자가 인간과 거의 차이가 없다는 침팬지도 밤하늘을 바라보면서 별 이야기를 만들어내고, 땅과 숲을 보며 꽃 이야기를 만들어낼 수는 없습니다. 짐승과 똑같은 동굴 속에서 살던 때도 우리 조상들은 인간이 살아가는 현실과는 전연 다른 허구와 상상의 세계를 만들어냈습니다. 그것이 신화와 전설과 머슴방의 '옛날이야기' 같은 것입니다.

세상이 변했다고 합니다. 어느새 꼬부랑 할머니를 볼 수 없게 되었습니다. 동네 뒤안길에서 장터로 가던 마찻길도 모두 바로 난 자동찻길로 바뀌었습니다. 잠자다 깨어 보니 철길이 생기고 한눈팔다 돌아보니 어느새 꼬부랑 고개 밑으로 굴이 뚫린 것입니다. 그런데도 이야기는 끝난 게 아니라는 겁니다. 바위 고개 꼬부랑 언덕을 혼자 넘으며 눈물짓는 이야기를 지금도 들을 수 있습니다. 호모 나랑스, 이야기꾼의 특성을 타고난 인간의 천성 때문이라 그런가 봅니다.

세상이 골백번 변해도 한국인에게는 꼬부랑 고개, 아리랑 고개 같은 이야기의 피가 가슴속에 흐르는 이유입니다. 천하루 밤을 지새우면 아라비아의 밤과 그 많던 이야기는 언젠가 끝납니다. 하지만 아이들에게 들려주는 꼬부랑 할머니의 열두 고개는 끝이 없습니다. 밤마다 이불을 펴고 덮어주듯이 아이들의 잠자리에서 끝없이 되풀이될 것입니다. 그것은 망각이며 시작입니다.

아니, 아무 이유도 묻지 맙시다. 이야기를 듣다 잠든 아이도 깨우지 맙시다. 누구나 나이를 먹고 늙게 되면 자신이 어렸을 때 들었던 이야기를 이제는 아이들에게 들려주려고 합니다. 천년만년을 이어온 생명줄처럼 이야기줄도 그렇게 이어져왔다고 생각하면 됩니다. 인생 일장춘몽이 아닙니다. 인생 일장 한 토막 이야기인 거지요. 산속에서 길을 잃고 헤매다가 선녀와 신선을 만나 돌아온 나무꾼처럼 믿든 말든 이 세상에서는 한 번도 듣도 보도 못한 옛날이야기를 남기고 가는 거지요. 이것이 지금부터 내가 들려줄 '한국인 이야기' 꼬부랑 열두 고개입니다.

차례

1부 | 흙 속에 숨은 작은 영웅

역사를 만드는 작은 주인공

흙과 생명을 만들어내는 숨은 영웅,

땅속에 묻혀 있는 위대한 영웅 지렁이가 역사를 만들어갑니다.

찰스 다윈(Charles Robert Darwin · 1809~1882) 하면 다들 진화론을 먼저 떠올리지만,

그 못지않게 다윈이 관심을 가지고 연구한 테마가 바로 이 지렁이였어요.

사람들은 다윈이 이상한 것에 몰두한다고 조롱하곤 했죠.

당시 사람들 생각에 지렁이는 그저 땅속에서 굴만 파는 존재였거든요.

세속의 눈으로 봤을 땐 정말 '바보 같은 실험(Stupid Experiment)'이었습니다.

그럼에도 다윈은 꿋꿋이 지렁이를 관찰하며, 흙이 어떻게 쌓이는가를 연구했어요.

40년 동안이나, 죽기 직전의 노년까지 이어진 노력이었습니다.

1장   지렁이의 발견

\#   다윈이 갈라파고스로 간 까닭은

    찰스 다윈, 우리에게는 진화론으로 유명한 영국의 박물학자인 그는 1831년 해군 측량선 비글호에 동승하여 영국을 떠났습니다. 남태평양의 지질과 동식물을 자세히 조사하는 임무를 맡고 있었지요.

알려지기로는 그 비글호를 타고 남태평양 갈라파고스 제도를 탐험하면서 지질과 동식물을 자세히 조사한 다윈이 생물 진화의 확신을 얻고 귀국해서 생물 진화론과 자연선택설을 확립했다고 하는데요. 다윈이 비글호를 타기 전부터 진화론에 대해 알고 있었다는 통념은 사실과 다르다는 의견도 있어요. 원래 다윈은 에든버러대학 의학부를 다니다 중퇴하고, 케임브리지대학 신학부를 졸업했어요. 그리고는 박물학을 연구한 사람이지요. 박물학자적 정신으로 비글호 탐사선을 탔고, 생물 진화론과 자연선택설을 확신하게 된 건 그 결과였다는 거죠.

전하는 얘기에 따르면, 다윈이 갈라파고스 제도의 여러 섬들을 방문했을 때, 각 섬의 거북이들을 잔뜩 잡아다 모아 놨대요. 박물학자니까요. 그걸 본 갈라파고스 제도의 부총독이 이렇게 말하는 게 아닙니까.

"야, 이 거북이는 어느 섬 출신이고, 저 거북이는 어느 섬 출신이지? 어떻게 알았냐고? 자세히 보면 섬마다 거북이들이 다 다르거든. 이거 다른 사람은 아무도 모르고 나만 알아." 그 소리를 듣고 다윈이 깜짝 놀란 거죠. '아, 나는 그냥 어느 섬에서 잡아 온 것이라는 건 기록하지도 않고 거북이는 그냥 다 똑같은 것인 줄 알고 가져왔는데, 이거 수집한 것이 다 헛짓이었구나.' 하고요. 그런데 섬마다 거북이들이 다 다르다면, 생물들이 다들 환경에 따라 달리 진화한다는 근거가 되죠. '그럼 원숭이도 그렇지 않을까?' 하는 생각으로 또 이어지는 거고요.

이게 진화론의 시작이었습니다. 그런데 다윈은 의학도 공부했지만, 원래는 신학부를 졸업한 사람이잖아요? 생물 진화론과 성경의 인간 창조는 완벽하게 배치되는 개념이죠. 그래서 대단히 조심스러운 태도로 연구를 진행하던 중, 1858년에 월리스(A.R. Wallace · 1823~1913)로부터 거의 같은 의견의 논문을 받고, 주위의 권유에 따라 같은 해 월리스의 논문과 함께 자신의 학설을 발표합니다. 그다음 해 진화론을 정리한《종의 기원》을 계획보다 축소하여 발표했고요.

다윈은 이후로도 여러 저서를 통해 자신의 학설을 제창하며 커다란 반향을 불러일으켰지만, 종교계를 필두로 한 각계(各界)의 격렬한 비난 공세에 자신은 적극적으로 대응하지 않았죠. 다윈의 친구인 헉슬리 등이 비판자들과 대신 변론을 벌이는 형태[代論戰]였어요. 다윈은 진화론과 종교의 관계에 대해서는 신중한 자세를 취했어요. 그의 책에는 그 유명한 '진화(Evolution · 進化)'라는 말도 한두 번밖에 나오지 않아요.

#　　다윈이 발견한 생명의 비밀

　　모든 생명체는 공동의 조상에서 자손으로 내려갈수록 조금씩 변화합니다. 시간이 쌓이면 놀라울 정도로 다양한 종(種)이 나타나죠. 생명체가 한 세대에서 다음 세대로 이어지면서 그 설계도인 유전자에 변화가 생기기 때문인데, 그러면서 생명은 환경에 적응하여 살아갈 수 있게 되죠. 유전형질이 유리하면 다음 대(代)로 전해지지만, 불리하면 중단됩니다. 이를 설명하는 용어가 자연선택(Natural Selection · 자연도태)이지요. 자연선택과 다른 진화 메커니즘으로 '유전적 부동(Genetic Drift)'이 있어요. 유전적 부동은 유전형질이 개체군에 나타나는 빈도의 변화가 무작위로 일어나고, 이것이 그 영향을 받은 개체의 번식 기회에 영향을 미친다는 가설입니다. 한마디로 유전적 변화는 번식의 성공에 유리한가 혹은 불리한가에 상관없이 일어난다는 것이죠.

19세기 중반까지는 비교해부학과 화석기록을 통해 종이 진화한다는 사실을 생물학자들을 중심으로 깨닫게 되었지만, 아직 진화가 무엇 때문에 일어나는지 몰랐던 시기입니다. 생물이 환경에 적응하여 변화한다는 아이디어를 처음 제시한 라마르크의 학설도 있었고, 멘델도 완두콩으로 유전의 원리를 연구하기도 했지만, 자연선택이라는 답을 발견한 것은 찰스 다윈이었죠.

다음으로 찾아온 진화생물학의 결정적인 순간은 1953년 프랜시스 크릭과 제임슨 왓슨이 디옥시리보핵산(DNA)의 이중나선 구조를 발견한 때라고 할 수 있어요. DNA는 이중나선 구조를 '풀어' 자신을 복제할 수 있어요. 이게 바로 유전물질이 한 세대에서 다음 세대로 전해지는 메커니즘이었죠. DNA를 통해 생물학자들은 유전의 단위가 유전자임을 알게 되었어요.

진화론은 고생물학과 강력히 결합해 지구상의 생물의 역사, 그중에서도 특히 인류기원의 역사를 파헤치게 만듭니다. 진화와 진화의 메커니즘에 관한 연구는 지금도 계속 많은 측면에서 심도 있게 이뤄지고 있어요. 이 진화론은 현대 생물학을 체계화하는 이론으로 수많은 검증을 거쳐 확고하게 자리 잡았는데, 과학이 달성한 가장 위대한 성과 가운데 하나로 평가받고 있습니다.[1]

---

[1]   참고: A.C 그레일링, 《새 인문학 사전: 나와 세계를 연결하는 77가지 개념》

우주에서 생명이 존재할 확률

　　이렇게 세계를 뒤흔든 대단한 학자가 늘그막에 와서 하찮아 보이는 지렁이 연구를 하고 있으니, 사람들이 다들 이상하게 생각할 만도 해요. 하지만 다윈에게는 지렁이를 꼭 연구해야 할 이유가 있었습니다. 중요한 이유지요.

지구의 가장 표면에 흙이 있어요. 전체 지구에서 볼 때 우리가 사는 그 공간은 한 겹의 얇은 막에 불과해요. 지질학에서는 '바이오스피어(Biosphere, 생태계로서의 지구)'라고 해서, 그 막 위에 인간뿐만이 아니라 모든 생물들이 다 살고 있다고 얘기하지요. 사과를 떠올려보세요. 그것이 지구라고 하면, 전체 지구에서 흙은 그 사과의 껍질만 한 두께와 무게밖에 차지하지 않아요. 우리는 그 사과 껍질 위에서 사는 거예요.

지구상의 모든 생물의 무게가 얼마나 되는지 아세요?

이스라엘 바이츠만과학연구소라는 곳에서 지구 생명체들의 생물량(Biomass · 바이오매스)을 계산한 적이 있어요. 이 연구에 따르면 지구에는 탄소만 계산할 때 총 5500억t의 생물량이 있다고 추정해요.

가장 큰 비율을 차지하는 생물군인 식물은 무려 4500억t으로 추정돼 전체의 80%에 가깝습니다. 이 가운데 수생식물은 10억t이 안 된다고 해요.

식물 다음은 단세포 원핵생물인 박테리아로 무려 700억t으로 추정됩니다. 세포 하나의 무게야 미미하지만 티끌 모아 태산이라고, 다 모으면 어마어마해지죠.

곰팡이로 추정되는 생물량은 120억t(2.2%), 사람이 속한 '동물'군은 20억 t(0.4%) 정도라고 합니다. 가장 수가 적은 생물군은 바이러스로 2억t이라고 해요. 인간은 얼마나 될까요? 겨우 6000만t에 지나지 않아요.

지구 전체 생물체에서 사람이 차지하는 비율이 0.01% 내외밖에 안 돼요. 그런데도 다른 생명에게 돌아갈 몫의 자원까지 끌어다가 쓰고 있습니다. 게다가 지금처럼 인구가 기하급수적으로 늘면, 물과 식량, 에너지 등 자원 문제는 더욱 심각해질 수밖에 없죠. '기후변화에 관한 정부 간 협의체(IPCCC)'는 "지금의 기후변화와 인구 증가 경향이 지속된다면 2050년에 식량 가격이 거의 두 배로 뛸 수 있고, 더 많은 사람들이 굶주림에 처할 수 있다"고 경고합니다.

세계자연기금(WWF)은 인류가 1년간 소비하는 자연 자원의 양이 '지구가 지속적으로 공급할 수 있는 자원의 양(생태 용량)을 2016년 8월 8일 이미 초과했다'고 밝혔습니다. 인류는 이미 후대가 쓸 자원마저 당겨쓰고 있는 셈입니다. 국제환경단체 글로벌생태발자국네트워크(GFN)의 조사에서는 인류가 지금처럼 자원을 소비하고 살려면 지구 1.75개가 필요한 것으로 나타났어요. 그나마 다행인 것은 앞당겨지는 자원 소비 속도가 2010년대 들어 느려졌다는 점입니다.[2]

---

2   참고: 강석기, "지구생물량 중 인간이 차지하는 비율은", 《사이언스타임즈》 2018년 6월 29일

어쨌든 그렇게 5500억t에 달하는 생물들이 지구에 산다고 하지만요. 지구 전체로 비교해 보면 생물량을 모두 합쳐도 다른 물질의 10억분의 1도 되지 않아요. 지구 무게 중에 생물의 무게는 흙먼지만큼도 안 되는 거예요. 이제까지 밝혀진 바로는 이 넓은 우주에, 생명체가 있는 행성은 지구 밖에 없는데, 또 그 지구 전체의 10억분의 1도 안 되는 게 생명체인 거죠. 그러니까 역설적으로 여러분들 하나하나가 얼마나 놀라운 존재입니까. 각기 다 다르면서도 다 가치 있는 생명이에요. 겉으로야 우스운 것 같지만 우주적 관점에서 그 확률을 하나하나 맞춰보세요. 우주에서 지구에 있을 확률, 지구에서 생명체로 있을 확률, 수십억분의 일의 또 10억분의 1…. 그 어마어마한 확률 안에 여러분이 들어가 있는 겁니다.

그런데 그 생명이 살아갈 수 있는 어마어마한 확률의 환경을 누가 만들까요? 바로 다윈이 연구하던 지렁이입니다.

당신의 바보 같은 실험을 사랑합니다

1836년 비글호와 함께 영국으로 귀국한 다음, 다윈은 오랜 여

자; 김형자, "인구 80억 돌파… 생태용량 초과 지구에 남은 시간", 《주간조선》 2022년 12월 1일 자

행으로 약해진 몸을 요양하기 위해 시골로 내려왔어요. 그 바로 다음 해부터 그는 지렁이 연구를 시작합니다. 지렁이가 생명이 살아가는 흙을 만든다는 사실을 눈치챘던 거예요.

큰 통에 하얀 석회를 쌓아놓고 거기에 지렁이를 놓아둡니다. 지렁이들이 석회를 먹어 흙을 만들면 쌓아둔 석회가 점점 내려갈 것 아닙니까. 그러면 지렁이가 한 해에 얼마나 많은 흙을 만드는지 계측할 수 있어요. 다윈은 40년간 그 지렁이 관찰을 했어요.

그 결과가 《지렁이의 활동과 분변토의 형성》(1881), 지렁이가 땅속의 유기물을 분해해서 토양을 기름지게 해준다는 관찰 결과를 정리한 책이었습니다. 모든 생명체는 먹이사슬에 묶여 나고 또 죽어요. 흙에서 생물이 나와 살아가다 다시 죽으면 지렁이가 나서서 우리를 분해시켜 다시 흙으로 돌아갈 수 있게 해주지요. 생명이 흙으로 분해되어야 거기서 또 생명이 나옵니다. 지렁이가 흙을 만들어주기 때문에 우리가 살아갈 수 있었어요. 진화론보다 유명하지는 않지만, 진화론에 못지않게 중요한 과학적 성취예요.

다윈 서거 40주년이 되었을 때, 다윈의 업적을 기리는 행사가 열렸어요. 거기서 사람들은 "나는 당신의 '바보 같은 실험'을 사랑합니다(I Love your Stupid Experiment)"라고 쓴 피켓을 들었죠. 바보같이 보였던, 그 지렁이 연구를 사랑한다는 거죠.

문득 이런 생각이 듭니다. 우리가 다윈의 업적이나 지렁이에 대해 실제로는 깊이 있게 잘 알지 못합니다. 또 속속들이 알기가 불가능하죠. 이러니 우리가 무언가를 알고 있다는 믿는 것이 얼마나 피상적이고도 위험한 것이겠어요? 기존의 지식은 편견을 만들어서 우리 눈을 가립니다. 여러분도 이 책을 본격적으로 읽기 전에 가지고 있던 지식을 깨끗이 지우고 시작해 주세요. 그래야 새로운 것을 보는 눈이 열립니다.

가장 강한 생명은 가장 약한 생명

우리 속담에 '지렁이도 밟으면 꿈틀한다'라는 게 있어요. 그 많은 벌레 중에 왜 하필 지렁이였을까요? 우리 옛이야기에 자주 등장하는 지네도 있고, 흔히 보는 메뚜기, 여치, 방아깨비, 귀뚜라미⋯. 농촌에 가면 벌레가 얼마나 많아요. 그런데 그 속담에 등장하는 벌레는 다름 아닌 땅속의 지렁이죠. 우리 할아버지 할머니들도 지렁이가 가장 약하다고 쳤던 거예요.

실제로 벌레 중 먹이사슬의 제일 밑바닥이 지렁이예요. 지렁이는 눈도 없어요. 그래도 몸으로, 피부로 빛을 느껴서 그 감각으로 빛을 피해 땅속으로 들어가죠. 지렁이는 암컷 수컷도 없어요. 한 몸에 암수가 다 있어요. 그리고 지렁이는 모든 동물의 밥이에요. 하늘을 나는 새부터 바닷속 물고기까지. 우리가 낚시할 때 낚싯밥으로 지렁이 쓰잖아요. 그러니까 먹이사슬의 제일 하층에 있죠.

두더지도 땅속에 살아요. 두더지가 왜 굳이 땅속에서 살게 되었을까요? 눈이 보이지 않아서 땅속으로 들어간 건지, 땅속에 들어갔기 때문에 눈이 보이지 않게 된 건지는 모르겠지만, 어쨌든 이제 두더지는 영영 땅 위로 못 올라와요. 눈이 보이지 않으니까, 약하니까.

땅 위에서 살지 못하는 약한 것들이 새가 되어 하늘 위로 도망쳤어요. 하늘로 도망치지도 못하고 땅 위에서 살 만큼 강하지도 못한 것들은 땅속으로 들어갈 수밖에 없는 거죠. 그러니까 땅속 동물은 가장 약한 생명체예요. 그런데 실은 이게 역설적으로 생명력이 가장 센 생명체이기도 해요.

땅속에 사는 두더지는 지렁이가 없으면 죽습니다. 그 깜깜한 땅속에서 지렁이밖에 먹을 게 없잖아요. 눈이 안 보여서 땅 위로 나갈 수도 없는 두더지가 땅을 파 봐야 지렁이 말고 나올 게 뭐가 있어요. 그 두더지가 땅을 파서 지렁이가 나오면 그걸 먹는데 한 번에 다 먹지 않아요. 두더지가 지렁이 목장을 운영하는 거죠. 반쯤 먹고 그 목장에 던져두는 거예요. 그러면 지렁이는 알아서 먹힌 부분을 재생해 내며 살아나거든요. 세상에 이런 생명력 강한 동물이 또 있을까요? 놀라운 거죠.

지렁이가 동물 먹이로서만 이렇게 이로운가요? 아니에요. 식물들도 지렁이가 없이는 못 삽니다. 가랑잎이 땅으로 떨어졌는데 지렁이가 없으면 그건 그냥 마른 가랑잎으로 끝나는 거예요. 그런데 지렁이들은 구멍을 파서 땅 위로 나와 떨어진 가랑잎을 먹어요. 그리고 소화해서 하루에 자기 몸

만큼의 배설물을 내놔요. 그렇게 흙을 만드는 겁니다. 그 흙에서 식물이
자라요.

그러니까 흙에서 나온 식물들이 다시 흙으로 돌아가려면 식물을 분해해
주는 생물이 있어야 해요. 그게 지렁이입니다. 그래서 지렁이는 숨어 있는
암흑의 영웅입니다. 죽어서 땅으로 돌아온 모든 식물과 동물이 썩은 것
을 지렁이가 먹고 흙을 만들어 배설해요. 1년이면 수십 t의 흙을 만들어내
죠. 그렇게 지렁이가 만든 흙은 인산과 칼륨이 들어 있는 좋은 퇴비가 됩
니다. 요즘은 지렁이를 이용한 유기농법도 많이 나와 있어요. 지렁이만 있
으면 굳이 합성 인산비료를 뿌리지 않아도 되니까요. 화학비료가 없던 그
옛날, 지렁이가 없었으면 우리 할아버지 할머니들이 어떻게 농사를 지었
을까요.

\#   지렁이의 윤리학

노자의 《도덕경》에 '유능제강 약능승강(柔能制剛 弱能勝强)'이
라는 말이 나옵니다.

'부드러운 것이 굳센 것을 이기고, 약한 것이 능히 강한 것을 이긴다'는 말
이죠. 세상에 부드럽고 약하기로는 물보다 더한 것이 없어요. 그러나 견고
하고 강한 것을 공격하는 데는 물보다 나은 것이 없다고 합니다.

약한 것은 강한 것에 이기고, 부드러운 것은 굳센 것을 이긴다는 것을 모르는 사람이 없지만, 능히 이를 행하지는 못해요. 사람의 몸도 태어날 때는 부드럽고 약하나 죽음에 이르러서는 굳고 강해지죠. 풀과 나무도 생겨날 때는 부드럽고 연하지만 죽음에 이르러서는 마르고 굳어집니다. 그러므로 굳고 강한 것은 '죽음의 무리'이고 부드럽고 약한 것은 '삶의 무리'입니다. 군대가 강하면 멸망하고 나무는 강하면 꺾입니다. 강하고 큰 것은 아래에 위치하고, 부드럽고 약한 것은 위에 자리 잡는다고 말하는 이유죠. '치망설존(齒亡舌存)'이라는 말도 있습니다. 단단하고 강한 이는 깨지더라도 부드러운 혀는 훨씬 더 오래 남는다는 뜻입니다. 중국 전한(前漢) 말에 유향(劉向 · B.C. 77~B.C. 6)이 쓴 설화집 《설원(說苑)》에 전하는 이 말도 부드럽고 순한 것이 오래간다는 사실을 이야기하고 있어요.

언뜻 보기에는 약한 존재들 안에 강함이 있음을 통찰한 가르침들이죠. 그 가운데 지렁이는 구체적으로 다섯 가지 덕(德)이 있다고 알려져 있어요.

첫째, 지구의 땅은 지렁이 덕분에 지력이 유지되고 있습니다. 흙 속의 유기물을 먹고, 배출하는 과정에서 토양을 비옥하게 하며, 질감도 좋게 만들어요.

둘째, 지렁이들은 뭐든 다 먹어 치웁니다. 부식한 것, 짐승이 절대로 먹지 않는 썩은 것도 먹어서 나쁜 균은 전부 자신의 장으로 걸러내고 좋은 미생물만 쏟아내죠. 또 지렁이의 배설은 다른 생물에 유익하고, 미생물이 먹어 치워 자연으로 돌아갑니다. 지렁이가 오줌을 누면 딱딱하게 변해서 그게 칼슘 같은 것이 되어 흙이 된다고 해요. 지렁이가 죽으면 미생물들이 또 먹습니다. 그래서 퇴비가 되죠. 나서 죽을 때까지 지렁이 신세를 지고 인간은 살아갑니다.

셋째, 먹이사슬의 최하층답게 방어 수단은 일절 없지만, 상위 포식자에게 자신을 기꺼이 내어주어 생태계가 유지되도록 돕습니다. 지렁이의 천적은 두더지, 개구리, 두꺼비 같은 양서류, 새, 설치류, 육식성 거머리, 그리고 딱정벌레, 지네, 여치, 사마귀 같은 육식성 곤충 등이 있지요.

넷째, 약재와 식용으로도 쓰입니다. 뉴질랜드나 아프리카 등지에는 아예 식용으로 쓰는 굵고 커다란 녀석이 있다고 해요. 우리나라도 토룡탕이라는 것을 먹는데 그냥 먹는 게 아니라 지렁이를 고아서 만든 국입니다. 또 낚시의 필수품 역할도 합니다. 지렁이라는 미끼가 없다면 어떻게 낚시를 할 수 있을까요?

다섯째, 지렁이는 강력한 생명력의 소유자입니다. 원폭이 떨어져도 산다고 알려져 있어요. 그리고 자신뿐만이 아니라 지구의 다른 생명의 삶까지 책임지는 존재입니다.

인간은 '생각할 줄 아는 존재'라고 하지요. 생각을 할 줄 알아서 문화를 만든 면에서는 훌륭하지만, 그것 때문에 지금 온 자연을, 다른 생명체를 괴롭게 만들고 있어요. 그러니 하나님께선 지렁이에게 상을 주셨으면 주셨지, 인간에게 상을 줄 수가 없지요.

누구를 위하여 종은 울리나

이처럼 지렁이는 지구에서 중요한 역할을 합니다. 그래서 다윈의 '바보 같은 연구'가 나중에 그 가치를 인정받았던 거예요. 저 작은 생명인 지렁이에 빗긴 인간의 삶, 그것은 지상의 모든 생명이 지구 위 흙덩이의 일부이고, 흙에서 태어난 생명은 그 흙 안에서 순환되며 연결된다는 사실에서 비롯되지요.

지금까지의 얘기를 단 한 문장으로 요약하면 뭘까요. 뜬금없어 보이지만, '누구를 위하여 종은 울리나'가 됩니다.

《누구를 위하여 종은 울리나》라는 책을 읽어보지 않았다고 해도 그 제목까지 모르는 사람은 없습니다. 스페인 내전을 배경으로 쓴 어니스트 헤밍웨이의 유명한 소설이죠. 게리 쿠퍼와 잉그리드 버그만 주연의 〈누구를 위하여 종은 울리나〉(1943)라는 영화도 크게 히트했죠. 이 영화가 인기를 끌면서 사람들 사이에서 제목을 사투리 몇 자로 줄이는 농담도 유행했어요. "점마 와 우노", "종아 와 우노", "뭣 땀시 종이 울린당가", "으째 종은 혼자 울고 지랄이까". 이렇게 각 도(道)마다 달랐어요. ▶영화〈누구를 위하여 종은 울리나〉

그러나 이 유명한 제목은 저자 헤밍웨이가 지은 것은 아닙니다. 소설과 영화가 그렇게 유행했지만, 이 종이 조종(弔鐘)을 의미한다는 것도, 그것이 존 던(John Donne · 1572~1631)의 시에서 나왔다는 것 역시 사람들이 몰라요. 그러니까 우리들이 뭘 안다는 것은 사실은 아는 게 아니에요. 다시 돌아보면 '저런 걸 내가 그냥 스쳐지나갔구나', '표면만 알았구나' 하게 되는 것이죠. 인생의 의미들은 저 깊은 땅속, 넓은 바닷속에 있는데, 우리는 표면만 보고 지나가요.

영국 성공회 사제였던 존 던은 형이상학 시인에 속하는 사람입니다. 사실 존 던의 시들은 대개 좀 엉뚱해요. 이런 내용의 시도 있어요. '전쟁이 일어나면 세금이 올라가지만, 한번 올라간 세금은 전쟁이 끝났다고 내려오지 않는다. 남녀가 서로 사랑해서 사랑이 한 번 올라가면 내려가는 거 본 적이 있느냐?' 이런 식으로 사랑을 세금에 비교하죠. 사람들이 보기에 아주 이상한 시들을 썼는데, 이 산문시만큼은 어떤 마음으로 읽어도 참 아름다워요.

누구든 그 자체로 온전한 섬은 아니다.

모든 인간은 대륙의 한 조각이며 대양의 일부다.

만일 흙덩이가 바닷물에 씻겨 가면 우리 땅은 그만큼 작아지며,

모래톱이 그리되어도 마찬가지다.

그대의 친구들이나 그대 자신의 영지(領地)가 그리되어도 마찬가지다.

어떤 사람의 죽음도 나를 손상시킨다.

왜냐하면 나는 인류에 포함되어 있기 때문이다.

그러므로 누구를 위하여 조종(弔鐘)이 울리는지 알려고 사람을 보내지 말라.

종은 그대를 위하여 울리는 것이다.

– 존 던의 〈누구를 위하여 종은 울리나〉 전문

소설을 탈고해 놓고도 제목을 도저히 달 수가 없어 고민하던 헤밍웨이의 눈에 마침 옆에 놓여 있던 존 던의 기도문(《Meditation 17, Devotions upon Emergent Occasions》)이 띈 거예요. 그 기도집을 펼쳐서 읽다 보니 이 구절이 나왔어요. 이때 '누구를 위하여 종은 울리나'에서 이 종, 영어의 벨(bell)은 말했듯 조종(弔鐘)을 의미합니다. 사람이 죽었을 때 치는 종 말이죠. 누구를 위하여 종은 울립니까? 죽으면 그 사람을 위해 종을 쳐주는 거예요. 그러니까 종이 울리면 사람들은 옷깃을 여미며 '누가 죽었을까?' 하고 혼잣말을 합니다.

하지만 다른 이의 죽음은 곧 내 일부의 죽음이니, 누가 죽었냐고 묻지 말라는 것이 존 던의 이야기입니다. 상대방이 죽었다고 눈에 보이는 내 몸 중의 하나가 떨어져 나가기야 했겠어요? 그러나 같은 대륙을 만들고 있던 한 사람이 죽었다는 것은, 내 삶이 그만큼 가벼워지고 내가 그만큼 죽은 거예요. 우리들은 모두 대륙의 한 조각이자 대양의 한 일부이니 조종(弔鐘)은 바로 그대를 위해 울리는 것, 당신의 죽음을 울리는 것이라는 이야기입니다.

윤동주가 〈서시〉에서 "잎새에 이는 바람에도 나는 괴로워했다"라고 말한 이유가 무엇이었나요? 바로 그 "죽어가는 것들을 사랑하"는 마음가짐이 있기 때문이지요. ('끝나지 않는 한국인 이야기' 1권, 《별의 지도》 참조)

우리는 대륙처럼 이어져 있고, 그 대륙의 한 부분이 대양에 휩쓸려 나가면, 나의 영지는, 나의 대륙은 그만큼 가벼워집니다. 그 마음이 여러분들을 세계의 리더로 만듭니다. 다른 존재의 죽음을 내 생명 일부의 죽음으

로 받아들이는 자세가 말이죠.

영화 〈누구를 위하여 종은 울리나〉

전쟁과 사랑을 테마로 한 2시간 50분의 대작 〈누구를 위하여 종은 울리나(For Whom The Bell Toll)〉는 어니스트 헤밍웨이의 소설이 원작입니다.

1937년 스페인 내전(內戰) 당시, 파시스트당을 피해 산으로 올라가 게릴라전을 펼치던 조던(게리 쿠퍼)과 마리아(잉그리드 버그만) 사이에 벌어지는 사흘간의 짧고 아름다운 사랑 이야기를 그렸습니다. 헤밍웨이는 소설을 쓸 때부터 두 배우, 게리 쿠퍼와 잉그리드 버그만을 염두에 두고 썼다는 일화도 있습니다. 파라마운트사는 1940년 10월 25일 소설의 판권을 획득하고, 샘 우드에게 제작과 감독을 맡기기로 결정했지요.

로케이션 장소는 스페인 산지(山地)와 지형이 비슷한 미국 캘리포니아주 북부 시에라 네바다 산맥의 산악지대로 정했습니다. 조던과 마리아가 처음으로 키스할 때 마리아가 "코를 어디에 대야 하죠?(Where do the noses go?)"라고 한 대사는 두고두고 회자됩니다. 또 다른 명대사로 마리아가 말한 "키스 할 때는 고개를 왼쪽으로 돌리나요? 아니면 오른쪽으로 돌리나요?", "만약 당신이 나를 사랑해주지 않는다면, 내가 두 사람 몫만큼 사랑하겠어요" 등이 있어요. 아카데미 시상식에 9개 부문에 후보에 올랐으나 여우조연상 하나만 받았다고 합니다.

2장 땅의 울음

땅의 울음소리를 듣는 순간

그럼 '누구를 위하여 좋은 울리나', 이 문장을 다시 한마디 짧은 말로, 아니 언어 이전의 외침 하나로 줄이면 뭘까요. 혹시 여러분은 지렁이 울음소리를 들어본 적이 있나요?

2015년 무렵 강연을 할 때였어요. 한밤중에 땅에서 들리는 소리를 녹음해서 거리로 나가 사람들에게 무작위로 들려주고 어떤 소리 같으냐고 물은 적이 있어요. 그 소리를 들은 사람들의 반응은 다양했지요. 풀벌레 울음소리 같다는 사람, 바람 소리 같다고 하는 사람, 귀뚜라미 소리라고 하는 사람, 또는 전자기기의 전파음 같다고 하는 사람도 있었습니다. 지렁이 울음소리라고 대답하는 사람은 없었어요. 뭐라고 딱 단정 지어 말할 수 없는, 윙윙~ 하는 것 같기도 하고 잉~잉~ 하는 것 같기도 한 소리거든요.

하지만 나이가 아주 많은 시골 어르신에게 들려드렸으면 "지렁이 울음소리야"라고 답하셨을 겁니다.

하지만 과학적으로 발성기관도 조음기관도 없는 지렁이는 소리를 내지 못합니다. 지렁이 생김새를 보세요. 어느 한구석이라도 소리 내어 울 수 있을 방법이 있게 생겼나? 그것은 사실 땅강아지가 우는 소리예요. ▶지렁이와 땅강아지 그런데도 옛날 사람들은 깊은 땅속에서 지렁이가 운다고 생각했어요. 지렁이는 울지도 않고 소리 낼 방법도 없는데, 왜 우리 농촌에서는 지렁이 울음소리를 들었을까요?

저 알 수 없는 지렁이 울음을 듣고 싶은 간절함. 깊은 땅속 흙의 소리를 듣고 싶은 마음이 아니었겠어요? 우리 농촌의 저 땅, 혹은 흙 아래에서 울려오는 소리. 숲에서 울려오는 것도, 하늘에서 울려오는 것도 아닌, 땅속에서 울어 나오는 저 소리, 그게 지렁이 울음이에요.

우리는 하늘의 새소리를 듣죠. 또 풀숲에서 나오는 벌레소리도 들어요. 그런데 땅속에서 소리가 울려 나오려면 사실은 지진밖에 없어요. 그런데도 옛날 사람들은 그 땅강아지 소리를 굳이 지렁이의 울음이라고 생각한 거예요. 흙의 소리를 듣기 위해서 말이죠.

지렁이가 있는 땅은 살아있는 땅이죠. 그러니까 지렁이가 우는 소리는 흙을 만드는 소리예요.

땅속의 용이 울 때

지렁이와 땅강아지

지렁이는 환형동물입니다. 5~15cm 길이지만 아주 긴 것은 1m나 된다고 해요. 한자로는 지룡(地龍), 토룡(土龍), 구인(蚯蚓)이라고 쓰죠. 지렁이는 '지룡'에서 나온 말이라는 게 통설입니다.

비 온 다음날에 출몰하는 길고 미끌거리고 꿈틀거리며 비린내 나는 생명체. 하지만 지렁이가 있어야 토양이 비옥해집니다. 인간 농경의 역사는 지렁이와 함께 시작되었다고 해도 과언이 아니죠. 다만 모내기하는 농부들은 지렁이가 논둑에 구멍을 뚫어서 논물을 가두지 못하게 한다고 싫어하는 경우도 있었어요.

몸길이 3cm 정도 되는 땅강아지는 달걀 모양의 머리를 가지고 땅속에서 사는 곤충입니다. 앞다리로 흙 속에 굴을 파고 사는데, 메마른 땅보다는 눅눅하고 수분이 많은 땅을 좋아해요. 여름날 수컷은 땅속에서 소리를 냅니다. 그것이 지렁이 소리로 사람들을 착각하게 만들었던 거죠.

#　　지렁이 울음을 인간의 언어로 쓰다

　　이 지렁이 울음소리라는 상상을 이야기로 옮긴다면 어떤 모습일까요. 상상이 가는 상상이 아닐 것 같죠. 그런데 어떤 분이 그걸 정말 한편의 소설로 만들었어요. 소설가 박완서 선생이 1973년 《신동아》에 발표한 〈지렁이 울음소리〉라는 작품입니다. 이 단편소설은 그 얼마 후 잡지 《문학과 지성》에 재수록됐어요. 선생이 비로소 '작가'로서 대접받기 시작한 작품인 셈이지요. ▶박완서

소설 속 화자인 '나'는 '욕쟁이'라는 별명을 가진 스승과의 추억이 있습니다. 광복 후 미군정 시절, 국어를 가르친 이태우 선생은 '내'가 다니던 여학교 선생이었는데 아니꼬운 것도 부정도 못 보던 성격의 소유자였어요. 수시로 분통을 터트리며 욕을 했어요. 그 시절, 욕할 일이 좀 많았겠어요? 항상 '이것저것 닥치는 대로 세상사에 참견을 하고 비분강개를 터트리는' 사람이었죠. 그때는 일제가 패망한 직후였으니, 여학생들은 학교에서 일본말을 쓸 일이 많았을 거 아니에요. 강점기 때는 조선어 사용을 완전히 금지했으니 일본어가 아예 입에 배었을 테죠. 무의식중에 일본말을 쓰면 국어 선생다운 결벽성으로 절대로 그냥 지나치는 일이 없었어요.

"이 자식들아, 그래 너희들은 밸도 없냐. 그 지긋지긋한 왜놈의 말을 또 입에 담아. 노예근성이 뼛속까지 박힌 놈으로 알고 회초리로 다리몽둥이를 분질러트려 놓을 테니까."

이렇게 쌍욕을 했죠. 그러면서 한편으로는 윤동주의 시를 젖은 목소리로 정성스레 낭송해 들려줄 줄도 아는 사람이었어요. 그러니 여학생들은 이

선생님을 너무너무 존경하게 돼요. '아, 저 사람은 분노가 있구나', '불의
(不義) 앞에 막 소리를 치는 용기가 있구나' 하면서요.

'나'와 결혼한 남편은 좋은 대학 상대(商大)를 나와 은행 중역을 거쳐 지금
은 지점장입니다. 제시간에 퇴근할 뿐 아니라 술 담배도 못 해요. 대신 단
팥이 잔뜩 든 생과자나 찹쌀떡, 시골에서 고아온 눅진한 조청 따위를 즐
깁니다. TV 연속극과 쇼를 재미나 합니다. 삶의 모험이나 불굴의 투쟁정
신이니 하는 남성성은 먼 나라 이야기죠.

게다가 유산으로 물려받은 작은 상가건물에서 적지 않은 월세까지 받으
니 경제적으로 얼마나 윤택하겠어요. 알토란같은 삼남매와 아름답고 순
종적인 부인까지 두고 있으니 남부러울 게 없죠.

남편은 안정된 생활을 누리면서 딱 두 가지, 텔레비전 보는 것과 정력제
사는 것만 해요. 이 남편은 텔레비전 볼 때 TV 채널을 돌리는 독특한 기
술을 가지고 있대요. 이 소설을 쓴 시절에는 지금처럼 리모컨이 없어서
채널을 바꿀 때는 TV 본체 옆에 붙은 다이얼을 돌려야 했거든요. 작가는
이렇게 설명합니다.

7에서 9로, 9에서 11로, 이 매혹적인 홀수에서 홀수로 옮겨가는 길에 아무리
바빠도 거쳐야 하는 8이나 10이란 공허한 짝수를 용케도 냉큼냉큼 건너뛰
어 곧장 7에서 9로, 9에서 11로, 또 11에서 9로, 9에서 7로 전광석화처럼 채
널을 돌리는 것이었다.

아무래도 이게 남편의 기술에 대한 칭찬 같지는 않죠? 심지어 남편은 TV
를 보면서 군것질을 즐기죠. 소설에선 이렇게 묘사합니다.

> 맛있게 맛있게 먹으며 입술 언저리를 야금야금 핥으며, 몸을 이리저리 뒤척
> 이며 줄기차게 연속극과 쇼에 재미나 했다. 아니 연속극도 맛있어하더라고
> 하는 편이 옳을지도 모른다. 나에겐 그가 흡사 연속극도 단팥과 함께 먹고
> 있는 것같이 보였기 때문이다. 실상 두뇌나 심장이 전연 가담하지 않은 즐거
> 움의 표정이란 음식을 맛있어하는 표정과 얼마나 닮은 것일까.

박완서

1931년 경기도 개풍에서 태어났습니다. 1950년 서울대학교 국어국문학과에 입
학했으나 한국전쟁으로 중퇴했어요. 1970년 마흔이 되던 해 《여성동아》 장편소
설 공모에 《나목》이 당선되어 등단하였어요. 한국문학의 시들지 않는 거목으로
생기로운 작품을 많이 남겼습니다.
전쟁 중인 1952년 미군부대 PX 초상화부에서 같이 일했던 한 화가를 박완서는
훗날 다음과 같이 회상한 적이 있어요.

> 어느 날 박 씨가 두툼한 화집을 한 권 끼고 출근을 했다. 나는 속으로 '꼴값 하고
> 있네, 옆구리에 화집 끼고 다닌다고 간판쟁이가 화가 될 줄 아남' 하고 같잖게

땅속의 용이 울 때

여겼다.

이 화가와의 운명적 만남이 평범해 보였던 40세의 주부를 소설가로 변신하게 했습니다. 그 경험을 토대로 집필된 소설이 바로 첫 작품인《나목》이었으니까요. 회상 속의 박 씨는 다름 아닌 화가 박수근.

박완서 작가가 남긴 장편소설로《휘청거리는 오후》,《도시의 흉년》,《그 많던 싱아는 누가 다 먹었을까》,《그 산이 정말 거기 있었을까》,《아주 오래된 농담》 등이 있고, 소설집으로《세 가지 소원》,《부끄러움을 가르칩니다》,《엄마의 말뚝》,《저문 날의 삽화》,《너무도 쓸쓸한 당신》 등이 있으며, 산문집으로《세상에 예쁜 것》,《꼴찌에게 보내는 갈채》,《살아 있는 날의 소망》,《나는 왜 작은 일에만 분개하는가》,《어른 노릇 사람 노릇》,《못 가본 길이 더 아름답다》 등이 있습니다. 한국문학작가상, 이상문학상, 대한민국문학상, 이산문학상, 현대문학상, 동인문학상 등을 수상했어요. 2011년 1월 22일 여든 살에 암으로 세상을 떠났습니다. 2001년 한 인터뷰에서 "요즘 무슨 소설을 구상하고 있느냐"는 질문에 트레이드 마크인 '만년 소녀의 웃음'을 슬쩍 날리며 이렇게 말했습니다.

"아무것도 없습니다. 그저, 머릿속에 뭔가 굴러다니긴 하는데, 실체는 없습니다. 그런데, 이상한 게 다른 일은 몇십 년 하면 '숙련'이 되는데 소설은 아닙니다. 언제나 두렵고 생경합니다. 소설 데뷔 때도 하루 200자 원고지 20장 이상은 못 썼어요.《미망》은 잡지 연재라는 특성상, 하루 50장을 메우기도 했습니다. 그러나 평소 땐 하루 종일 애써도 다섯 장을 넘기기도 힘들어요. 쓰는 데도 고갯길이 있습니다. 고갯길만 넘어서면 내리막길을 쉽게 내려가는 것처럼…. 그럴 때는 30~40장도 쓸 수 있어 좋아요."

당신처럼 살아서는 안 돼, 그건 안 돼!

'나'는 남편과 함께 다디단 간식, TV 연속극을 즐기는 사람이면 좋을 텐데, 불행하게도 '나'는 그런 사람이 아닙니다.

TV 연속극도 단 것도 안 좋아했다. 나는 단 것이 위장에 해롭다고 믿고 있고, TV는 바보상자라는 말에 깊이 공감하고 있었고, 연속극이 퇴폐적 단세포적 어쩌고저쩌고 하며, 자못 고상하고도 혹독하게 매도되는 소리에 귀 기울이기를 즐겼다.

그러니, 남편을 어떻게 바라보았을지는 짐작할 수 있겠죠? '나'를 더욱 외롭고 슬프게 만드는 건 이 현대에 욕을 할 줄 모르는, 아니 욕 할 생각이 없는 남편이었죠. 타성에 젖어 자신의 행과 불행을 굳이 따져 볼 일이 없었던 화자를 깨운 사람은 고등학교 2학년이 되는 맏아들이에요. 느닷없이 이 아들이 미술대학을 가고 싶다고 하자 남편은 어처구니없어합니다. 아들에게 안정된 생활의 행복을 찬양하고 또 찬양하며 아들을 타이릅니다.

"서울 상대를 가야 해. 뭐니뭐니 해도 생활 안정이 제일이니라. 봐라 지금의 네 애비를. 뭐 그럴 게 있나. 뭐 걱정인가."

이 말을 할 때 남편 입가에 떠오르는 득의와 회심의 미소가 싫고 징그러워 아들이 남편의 그 말에 반기를 들어주기를 '나'는 바랍니다. 그런데 이 아들은 뜻밖에도 다소곳이 아버지의 말을 듣겠다고 합니다.
그러자 화자의 내부에서 별안간 힘찬 반란이 일어요. '아니지, 당신은 그렇게 살아도 좋지만 내 아들도 당신처럼 살아서는 안 돼, 그건 안 돼!' 그렇게 생각하게 된 거죠. '그럴 수는 없어. 그것만은 참을 수 없어' 하는 격렬한 외침이, 심한 딸꾹질처럼 오장육부에 경련을 일으키며 치솟아요. 부유하고 평화로운 현재의 생활에 감사하고 속물처럼 살아가지만 화자가 여학생 시절에 생각했던 생이라는 건 이런 게 아니었으니까요.
겉으로만 볼 때 '나'는 특별한 고민도 없고, 특별히 해야 할 일도 없고 하니 취미로 조화(造花) 만들기를 익혀요. 이 조화를 만들어 남편에게 자랑하니 남편이 "와! 당신 이런 재주가 있었어? 이제 꽃 안 사와도 되겠네. 비싼 생화를 왜 사오냐? 시드는 거. 이거 갖다 놓으면 좋은데"라고 말해요. 남편이 그렇게 말할 때마다 '나'는 남대문 꽃시장에 가고 싶은 충동을 느

꺼요. 시드는 꽃, 살아 있는 꽃, 흙에서 생성되어 생명을 가지고 있는 꽃을 가지고 싶은 거죠. 우리가 살고 있는 도시의 행복이라는 것은 화자가 만든 것과 같은 조화예요. 아무런 변화도 없이 항상 행복하지만, 화자는 시들어버릴지언정 살아있는 생명의 흙에서 나온 꽃과 같은 행복을 가지고 싶은 거죠.

이런 와중에 화자는 우연히 여학생 시절의 '욕쟁이' 이 선생을 다방에서 만나게 됩니다. 그는 '몰라보게 늙었을 뿐 아니라 몰라보게 점잖아지기까지' 했어요. 심지어 '탁하고 처진 소리로 길길길길 오래 웃기'까지 하지만 '나'는 그래도 그가 가슴속에 여전히 분통(憤痛)을, 욕을 간직하고 있을 터라고 기대해요.

이 조화와 같은 현대의 행복에 대해 그가 퍼부어주는 욕을 들으면 얼마나 시원할까 생각하죠. 그래서 화자는 그가 욕쟁이의 본색을 감추고 있을 뿐, 자극하면 다시 그 본색을 드러낼 거라고 생각하지만 '흡사 쉬 개발될 것 같지 않은 변두리의 복덕방 영감 같아' 보이는 그는 쉬이 욕쟁이의 본색을 드러내지 않습니다.

심지어 그렇게도 혐오했던 일본어를 아무렇지도 않게 말에 섞어 쓰는 모습까지도 보여요. 때문에 '나'는 구정물을 뒤집어쓴 듯이 불쾌해집니다. 비단 '길길길' 하는 웃음소리만이 아니라 '오야지'니 '요오시'니 '기마에'니 '앗싸리'니 '쇼오부'니 하는 소리를 이태우 선생의 입에서 듣다니 기가 막히는 거죠.

그 신음을 육성으로 들어 두지 못한 건 참 분하다

그래서 '나'는 '그를 다시는 만나지 말아야지' 하며 진저리를 치면서도 며칠 뒤 다시 그를 만날 수 있는 곳으로 찾아갑니다. '어떻든 그를 다시 욕쟁이로 만들고 말 테다' 하는 결심으로요. 만남이 거듭되면서 그와 '나'는 서로에 대해 알아갑니다. 욕쟁이였던 이 선생은 이제 현대사회의 평범하면서도 비열한 소시민이 되었어요. 이전에 그가 그렇게도 욕했던 그런 사람이 된 거죠. '나'는 차츰 그에게서 욕을 짜내기는 건포도에서 포도즙을 짜내기보다 어렵다는 것을 깨닫게 됩니다. 그럼에도 포기하지를 못하는 거예요. 이 선생으로부터 욕은 단념했지만 비명이라도, 신음이라도 나기를 기다리고 있는지도 모르죠. 그렇게 '기름 안 친 기계의 운동처럼 고단하고 힘들고 쇳소리가 나게 지긋지긋한' 사귐이 이어지던 어느 날, 이 선생이 기다리고 있어야 할 다방에는 이 선생 대신 편지 한 장이 남겨져 있습니다.

편지에는 뜻밖에도 이런 내용이 담겨 있어요. 제자였던 숙이를 만난 이후, '사기성을 띤 일을 해야만 하는데 하지 못한 자신에 대해 한탄한다'고요. 이것이 무슨 말일까요? 이 선생은 아마 이전에 그랬던 것처럼, 제자의 도장을 이용해 사기를 치려는 계획이었을 텐데, '옛 스승의 기개(氣槪)를 기대하는 제자의 눈빛 때문에 더는 그 일을 하기 싫어졌다'는 거예요. 그렇다고 예전의 그 욕쟁이로 돌아가지도 못합니다. 요새는 그와 같은 고전적 욕쟁이의 시대가 아니라는 것 또한 알고 있는 것이죠. 이러지도 저러지도 못하는 이 선생은 숙이에 대해 은근한 복수심마저 내비쳐요. '유부녀가 아무리 선생이라도 찾아다니는 건 아니야. 나는 너와 고궁 앞에서 찍은 사진이 있어. 그 사진을 가지고 나는 여관방에서 연탄불을 피우든지 청산가리를 먹고 죽어버릴 거야. 그러면 숙이는 난처해지겠지, 내가 난처했던 것처럼. 내 죽음이 신문에 나면 너의 남편과 함께 하는 편안한 생활도 끝장이 날 거야.' 그 편지는 이렇게 끝납니다.

'그러니 나를 내버려둬 줘. 나를 숙이의 기대로부터 풀어줘. 나에게 욕을 조르지 말아줘. 날 고만 쥐어짜. 제발 날 살려줘.'

편지를 받은 '나'는 실제로 그가 죽었든 아니든 어차피 '나'에게 있어 그는 죽은 것이라고 생각합니다. 너무 허탈해지는 거예요. 세상이 아무리 바뀌어도, 도시의 바람이 아무리 불어도 그 욕쟁이는 변함없이 생존해서 시원하게 세상을 향해 욕을 내뱉는 것을 한번 보고 싶었는데, 도시의 그 많은 사람들과 똑같아지려다가 '나'를 보고 갈등 속에서 이러지도 저러지도 못하다 떼어놓는 편지만을 남기고 그는 도망쳐 버린 겁니다.

일요일 아침, 화자는 남편이 신문을 들고 부들부들 떨고 있는 것을 발견합니다. 어쩌면 이 선생의 협박대로 된 것인지도 모르지요. 남편을 그렇게도 지겨워했던 '나'는 자유로워질지도 모른다는 상상에 가장 먼저 두려

움을 느낍니다. 자유를 감당할 자신이 없는 거예요. 그런데 뜻밖에 남편
은 분노에 부들부들 떨었던 것이 아니라 웃느라고 부들부들 떨고 있었어
요. 마릴린 먼로가 시도 썼다는 사실이 그에게는 그렇게도 웃긴 일이었
던 거죠.

　　"그렇지만 먼로가 시를 썼다니 사람 웃기는군. 그렇게나 몸뚱이가 기막히게
　　좋은 여자가 뭬 답답해 시를 썼겠어. 책이나 팔아먹으려는 협잡이 뻔하지."

남편은 그렇게 말하면서 아내를 봅니다. '마치 그 여자의 몸뚱이를 구석
구석 싫도록 주물러댄 경험이라도 있는 것처럼 그 방면에 도통한 듯한 음
탕하고 권태롭고 느글느글한 웃음을 흘리면서'요. 그런 남편에 대해 '나'
는 이 선생의 비명을 생각합니다. 소설 속 한 구절입니다.

　　"날 놔줘", "제발 날 살려줘" 그건 어떤 소리 빛깔을 하고 있었을까. 지렁이
　　울음소리 같았을까 몰라. 그 신음을 육성으로 들어 두지 못한 건 참 분하다.

"살려줘"라는 그런 소리

여기에서 지렁이 울음소리라는 게 뭐였을까요. 먹이 사슬의 제일 밑바닥에 있는 지렁이. 그 지렁이의 울음소리를 '해석'해 낼 수 있다면 그건 이 선생의 "살려줘"라는 그런 소리가 아니었을까요? 생태계 피라미드의 제일 하위에 있지만 거기에서 생명이 나오는 거잖아요.

'나'는 그 소리, 지렁이 울음소리를 못 들어본 것이 한이 된다고 말합니다. 그러니까 보통의 사람들이, 현재의 생활에 만족하면서 '내가 행복하다, 이 문명이라는 것은 참 편한 것이구나, 이것이 내가 추구하던 삶'이라고 맹목적으로 살아가다가 어느 날 밤 그 지렁이 울음소리를 듣는 겁니다. 땅속 깊은 곳에서 이놈한테 뜯기고 저놈한테 뜯기면서도 열심히 생명의 흙을 빚는 어둠의 영웅들의 소리가요.

마치 고장 난 전자제품에서 들리는 지잉~, 윙윙~ 하는 것 같은 그 소리, 실상은 땅강아지의 울음소리일 뿐인데 사람들은 지렁이 울음소리라고 인지했다는 게 무엇을 의미하는 것일까요? 흙이 운다, 죽어가는 흙이 운다, 살아있는 흙의 생명이 운다…. 라고 생각한 것은 아닐까요?

참 한국 사람들 대단하지요. 지렁이는 한자어 지룡(地龍)에서 파생된 말이에요. 그 하찮아 보이는 지렁이를, 햇빛 나면 그냥 말라비틀어질 뿐인 그 약한 지렁이를 '저것은 지룡(地龍)이다, 땅속의 용(龍)이다' 하고 생각했어요. 용(龍)이라는 게 뭐예요. 중국에서는 황제를 상징할 만큼 신령스러운 동물, 하늘을 날아다니고 자연현상을 관장하는 존재 아닙니까. 자연현상은 인간의 생존에 가장 중요한 요소예요. 그러니까 용은 인간에게 가장 두렵고도 소중한 존재이지요.

그러니까 결국 지렁이를 알아준 사람은 한국인, 그중에서도 지렁이의 울음소리를 들은 사람들이에요. 다윈보다도 먼저 말이죠. 땅속의 용인 지렁이가 환상 속의 용만큼 소중한 존재라는 것을 알고, 울지 못하는 지렁이의 울음을 들어준 우리 선조들이에요.

잠들어 있는 작은 거인

오래전 서울 국제펜클럽 대회에 미국 대표단으로 내한한 플레처(Charlie May Fletcher) 여사가 고국인 미국으로 돌아가 〈한국의 고민과 잠자는 거인〉이라는 글을 발표한 일이 있었어요. 그가 처음 한국 땅을 밟으며 느낀 기행문이자 여행기이지요. 글의 끝부분 일부를 짧게 인용하면 이렇습니다.

회고컨대 내가 참된 한국을 발견하게 된 것은 그러한 시골길 위에서였고, 또 도시의 노변과 조그마한 감방과 시장에서였다. 그것이 지금 내가 아는 한국인 것이다. 그것은 깊이 잠들고 있는 거인을 만나는 것과 같은 것이다. (…)

이 거인이 여러 세기의 고립 속에서, 그리고 일본의 점령하에서, 또 국토의 분단 속에서 잠자고 있었다. 한국이 일어나 세계 각국 사이에서 강하고 결합된 지위를 차지하게 되는 것은 오직 그가 잠을 깰 때뿐인 것이다.

플레처 여사가 방한했을 때가 1957년, 한국이 참 어렵던 시절이지요. 제가 한국 최초의 한국문화론인 '흙 속에 바람 속에'를《경향신문》에 연재하던 해가 1962년이었어요. 그때만 해도 쓰러져 가는 비각(碑閣)이며 황토의 붉은 산, 사태(沙汰)난 들판이며…. 낡은 초가지붕 아래에 살던 흰옷 입은 서러운 한국인들의 초상(肖像)이 생생했습니다. 그 책의 연재 당시에는 저뿐만 아니라 다른 한국인들 역시 그런 한국의 모습을 비판적으로 보려는 의식이 강했어요. 그런데도 플레처 여사가 한국의 '시골길', '도시의 노변', '조그마한 감방', 사람들로 번잡한 '시장'에서 '깊이 잠들고 있는 거인'을 만나는 것과 같았다고 하니 놀라워요.

세월이 흐른 지금, 한국은 세계 10위권의 경제대국으로 발전했지요. 마침내 잠에서 깨어나, 세계인이 경제적으로는 물론 문화적으로도 우러러보는 존재가 되었어요. 이제는 잠들어 있던 시절마저 까맣게 잊는 듯하지요. 하지만 여전히 내게는 걱정이 스칩니다. 60년 전에 보았던 무표정하고 감동 없는 눈빛이 우리 피와 우리 얼에 다시 보이는 게 아닌가….

우리는 어디에 와 있는 걸까요. 지금 어떤 모습인가요.

이것을 묻는 이유는 "지금 우리가 거인이냐 아니냐'를 따지기 위해서가 아닙니다. 우리 자신을 마주 보기 위해서예요. 어쩌면 우리는 여전히 미몽에서 깨어나지 못한 채 어디론가 바삐 뛰어가고 있는 것은 아닐까요. 그렇다면 플레처 여사가 본 '잠자는 한국'은 어떤 면에서는 지금도 유효하다는 이야기지요.《흙 속에 바람 속에》를 내놓고 60년이 흐른 지금, 땅속의 지렁이가 만드는, 우리 흙의 이야기를 여러분 앞에 다시 꺼내려는 이유가 여기에 있어요.

\#   다시 흙의 노래에 귀를 기울이다

바람은 수시로 그 방향이 바뀝니다. 하지만 흙은 언제나 그곳에 있지요. 변하지 않는 것입니다. 우리 삶에서 변함없는 것이 구체적으로 무엇이냐고 물으면 꼬집어 말할 수는 없어도, 고려가요 〈정석가〉의 한 구절로 표현할 수 있지 않을까요.

므쇠로 한쇼를 디여다가
텰슈산(鐵樹山)에 노호이다.
그 쇠 텰초(鐵草)를 머거아
유덕(有德)ᄒ신 님을 여ᄒ이ᄋ와지이다.'

쇠로 된 소가 쇠로 된 풀을 먹을 리 없으니, 절대 임과 떨어지지 않겠다는 뜻이지요. 한국인에 깃든 근원(根源)도 마찬가지입니다. 한국인이 누구이며, 우리가 어디에서 왔으며, 우리 안에 무엇이 있는지는 우리가 잊을 수 없고, 잊어서도 안 되는 것이지요.

이 책, '한국인 이야기'는 그것을 위한 이야기, 우리 안에 잠든, '흙 속에 저 바람 속에'를 다시 깨우기 위한 이야기입니다. 수난의 민족사를 견뎌냈던 흰옷 입은 사람이 부르던 흙과 땅의 노래, 마파람과 된바람, 샛바람, 하늬바람의 메아리에 다시 귀를 기울입니다.

\#   지도에도 없던 시골길

　　　[엮은이의 말] 경향신문에 연재되던 '흙 속에 저 바람 속에'는 단행본으로 1963년 출간되었습니다(초판은 현암사, 이후 동화출판공사, 범서출판사, 갑인출판사, 삼성출판사, 문학사상사에서 재판이 나왔고, 60년이 넘는 현재까지 한 번도 절판되지 않았습니다). 책은 국내에서만 수백만 부 이상이 판매되었고 미국, 일본, 중국 등지에 번역 출판되었습니다. 컬럼비아대에서는 동양학 연구자료로 활용되기도 했습니다. '이어령' 하면 저 수많은 저작물들 중에 《흙 속에 저 바람 속에》를 기억하는 이가 많습니다. 이 이야기는 너무나 슬프면서도 아름다운 서문으로 시작합니다.

그것은 지도에도 없는 시골길이었다. 국도에서 조금만 들어가면 한국의 어
느 시골길에서나 볼 수 있는 그런 길이었다. 황토 흙과 자갈과 그리고 이따
금 하얀 질경이 꽃들이 피어 있었다. 붉은 산모롱이를 끼고 굽어 돌아가는
그 길목은 인적도 없이 그렇게 슬픈 곡선을 그리며 뻗어 있었다. 시골 사람
들은 보통 그러한 길을 '마차길'이라고 부른다.

그때 나는 그 길을 지프차로 달리고 있었다. 두 뼘 남짓한 운전대의 유리창
너머로 내다본 나의 조국은, 그리고 그 고향은 한결같이 평범하고 좁고 쓸쓸
하고 가난한 것이었다.

많은 해를 망각의 여백 속에서 그냥 묻어두었던 풍경들이다.

이지러진 초가집의 지붕, 돌담과 깨어진 비석, 미루나무가 서 있는 냇가, 서
낭당, 버려진 무덤들 그리고 잔디, 아카시아, 말풀, 보리밭…. 정적하고 단조
한 풍경이다.

거기에는 백로의 날갯짓과도 같고, 웅덩이의 잔물결과도 같고, 시든 나뭇잎
이 떨어지는 것 같고, 그늘진 골짜기와도 같은 그런 고요함이 있었다. 그러
나 그것은 폐허의 고요에 가까운 것이다. 향수만으로는 깊이 이해할 수도 또
설명될 수도 없는 정적함이다.

아름답기보다는 어떤 고통이, 나태한 슬픔이, 졸린 정체(停滯)가 크나큰 상
처처럼, 공동처럼 열려져 있다. 그 상처와 공동을 들여다보지 않고서는 거기
그렇게 펼쳐져 있는 여린 색채의 풍경을 진정으로 이해할 수 없을 것이다.

위확장(胃擴張)에 걸린 아이들의 불룩한 그 배를 보지 않고서는, 광대뼈가 나

온 시골 여인네들의 땀내를 맡아보지 않고서는, 그리고 그들이 부르는 노래와 무심히 지껄이는 말솜씨를 듣지 않고서는 그것을 알지 못할 것이다.

지프차가 사태진 언덕길을 꺾어 내리막길로 접어들었을 때, 나는 모든 것을 보았던 것이다. 사건이라고도 부를 수 없는 사소한 일, 또 흔히 있을 수 있는 일이었지만 그것은 가장 강렬한 인상을 가지고 가슴속으로 파고들었다.

앞에서 걸어가고 있던 사람들은 늙은 부부였다. 클랙슨 소리에 놀란 그들은 곧 몸을 피하려고는 했지만 너무나도 놀라 경황이 없었던 것 같다. 그들은 갑자기 서로 손을 부둥켜 쥐고 뒤뚱거리며 곧장 앞으로만 뛰어 달아나는 것이다.

고무신이 벗겨지자 그것을 다시 집으려고 뒷걸음친다. 하마터면 그때 차는 그들을 칠 뻔했던 것이다. 이것이 그때 일어났던 이야기의 전부다.

불과 수십 초 동안의 광경이었고 차는 다시 아무 일도 없이 그들을 뒤에 두고 달리고 있었다. 운전사는 그들의 거동에 처음엔 웃었고 다음에는 화를 냈다. 그러나 그것도 순간이었다. 이제는 아무 표정도 없이 차를 몰고만 있을 뿐이다. 그러나 나는 모든 것을 역력히 기억할 수 있었다. 그리고 그 잔영이 좀처럼 눈앞에서 사라지지 않았다.

누렇게 들뜬 검버섯의 그 얼굴, 공포와 당혹스런 표정, 마치 가축처럼 둔한 몸짓으로 뒤뚱거리며 쫓겨 갔던 그 뒷모습, 그리고…. 그리고 그 위급한 경황 속에서도 서로 놓지 않으려고 꼭 부여잡은 앙상한 두 손…. 북어 대가리가 꿰져 나온 남루한 봇짐을 틀어잡은 또 하나의 손…. 벗겨진 고무신짝을 집으려던 그 또 하나의 손…. 떨리던 손….

나는 한국인을 보았다. 천 년을 그렇게 살아온 나의 할아버지, 할머니의 뒷모습을 본 것이다. 쫓기는 자의 뒷모습을.

그렇다. 그들은 분명 여유 있게 차를 비키는 아스팔트 위의 이방인 같은 사람들이 아니었다. 운전사가 어이없이 웃었던 것처럼 그들의 도망치는 모습은 꼭 길가에서 놀던 닭이나 오리 떼들이 차가 달려왔을 때 날개를 퍼덕거리며 앞으로 달려가는 그 모습과 다를 게 없었다.

악운과 가난과 횡포와 그 많은 불의의 재난들이 소리 없이 엄습해왔을 때에 그들은 언제나 가축과 같은 몸짓으로 쫓겨 가야만 했던 것일까!

그러한 표정으로, 그러한 손길로 몸을 피하지 않으면 안 되었던가!

우리의 피부빛과 똑같은 그 흙 속에 저 바람 속에 우리의 비밀, 우리의 마음이 있다.

2부 | 다시 쓰는 흙과 바람의 이야기

한국인의 숨은 얼굴

건강이 썩 좋지 않아 외부 활동을 하지 못하는 날이 많아지자,

다른 분들이 나를 배려하여 서울 평창동 집으로 와주곤 합니다.

덕분에 서재에서 강연을 하고 인터뷰를 하고 있지요.

읽다가 엎어둔 책들, 글 쓰면서 마신 차 찌꺼기가 엉겨 붙은 찻잔,

구겨진 원고지가 여기저기 흩어져 있고, 피곤할 때 잠시 눈을 붙였던 자리의 흔적들.

게다가 남들은 '야, 이 양반 참, 뭐 이런 걸 갖다 놨어.

초등학교 애들 방도 아니고'라고 생각할 만한,

나에게는 소중하고 영감을 주는 나만의 물건들도 여기저기 있어요.

남한테 보이려고 꾸민 공간이 아니니까

그냥 별의별 게 다 정돈되지 않은 채로 있어요.

그래서 여간해서는 외부에 공개하지 않는 장소이지요.

그럼에도 서재까지 여러분에게 열어놓은 것은

나만이 할 수 있는 이야기가 있기 때문입니다.

1장   도망치던 사람들

\#   이별하는 사람의 마지막 얼굴

《흙 속에 저 바람 속에》의 서문에 나오는 노부부 이야기는 저의 실화입니다.

당시 군대에서는 더 이상 군용으로 쓸 수 없는 차를 민간에 불하해줬어요. 그럼 언론사들이 그 차를 불하받아 차체의 카키색을 다른 색으로 칠하는 정도로만 개조해 썼거든요. 책에서 내가 타고 있던 차도 그런 차였어요. 그 차를 타고 고향을 갔다가 오는 길에 본 장면인 거죠.

그런데 고개라는 우리말은 왠지 애달프거든요. 왜 그럴까요. 우리 민요 아리랑을 보세요. 그게 고개 노래잖아요. 각지의 아리랑마다 가사는 다 달라도 후렴은 똑같거든요. '아리랑 고개를 넘어간다, 고개를 넘게 해주시오, 고개를 넘어가세요, 넘지 마세요.' 이러잖아요.

판소리에서 나온 우리 고전소설 《춘향전》에서 떠나는 이도령을 보며 춘향이 "달만큼 별만큼, 나비만큼 불티만큼 망종고개 넘어 아주 깜박 넘어가니"라고 말합니다. 이처럼 한국인에게 있어 고개라는 건 이별의 마지막 경계선이에요.

어려서 외갓집에 놀러 갔다 돌아오는 길에는 항상 외할머니가 쫓아 나오세요. 분명히 안방에서 하직 인사하고 나왔는데도 마루 끝까지 따라 나와 "잘 가라" 하세요. 그래서 마당 아래에서 인사를 또 꾸벅 하며 말씀드리죠. "할머니 추워요, 얼른 방에 들어가세요." 그렇게 이미 두 번이나 인사를 주고받았는데도 할머니는 또 대문간까지 나오시죠.

그럼 "이만 가볼게요, 얼른 들어가세요" 하고 인사를 하고 대문을 나서는데도 여전히 따라 나오세요. 돌담을 따라 돌아가는 골목길까지. "아유, 얼른 들어가세요"라고 만류해봐도 할머니는 이러기만 하세요. "응응, 들어갈게, 들어갈게." 그렇게 말은 하시면서 막상 들어가지는 않으시고.

한국 사람들이 이별하는 게 이렇게 힘이 들어요. "들어가셔요" 그래도 또 쫓아 나오시는 이 애틋한 동행은 보통 마을 입구까지지만, 눈으로 하는 배웅은 계속 이어져요. 당신의 딸, 손자가 마을 고갯길을 넘어 사라질 때까지 하염없이 그 자리에 서서, 딸이나 손자가 돌아보면 손을 흔들어주기도 하면서 서 있는 거죠. 참 눈물겹죠. 그 마지막 고개를 넘어가면 자기 딸이나 손자를 영원히 못 보는 거예요. 그러니까 지금도 한국의 어느 고개를 가든지 거기에는 이별하는 사람들이 마지막 봤던 얼굴이 있는 거죠.

아리랑의 유래

이번에는 아리랑의 유래를 한번 알아볼까요. 아리랑은 지역에 따라 다양한 형태로 전해 내려옵니다. 이 가운데 정선, 밀양, 진도의 아리랑을 꼽아 3대 아리랑이라고도 하지요. 아리랑의 어원은 여러 가지 설이 전해져 내려오고 있어요. 고대 신화나 아랑(阿娘)낭자설의 전설에서 나왔다는 설도 있습니다.

아리랑은 우리 민족과 떼려야 뗄 수 없는 노래로 생활 현장인 들과 논에서 불리던 흙의 노래입니다. 아리랑은 여느 다른 노래와는 달리 원형대로 있지 않고 민중의 공감력이 형성될 때마다 노랫말이 바뀌어 왔어요.

아리랑의 기원에는 정설이 없습니다. 고려시대 이래로 귀화해 살며 가무를 즐겼던 거란[契丹]이나 여진(女眞)과 연관 짓기도 하죠. 어원(語源) 측면에서의 한 가설은 이렇습니다. 여진족이 세운 금나라의 역사를 기술한 역사서《금사(金史)》에 보면 지금 만주 지방에 살았던 거란족이나 여진족들이 자신의 향관(鄕貫)을 나타낼 때 무슨, 무슨 산 아래[山下]의 아무개 누구라 적는다고 합니다.

고향을 뜻하기도 하는 이 '산 아래'를 여진말로 '아린(阿隣)' '아라리'라고 해요. 우랄 알타이어계에서 '알리' '알린' '알리라'는 모두 '아래'를 뜻하고, 우리나라 '아래'의 어원도 바로 여기에서 비롯되고 있다는 겁니다.

고려시대 이래 귀화해 살았던 많은 거란과 여진족들이 고향을 그리는 향수의 노래에서 '아리랑 아라리 아라리오'가 비롯됐을 수도 있어요. 이 북방 민족들은 본관(本貫)이나 고향을 '아린' 또는 '아라리'라 하기에 이런 표현들이 망향의 노래일 수 있다는 겁니다. 옛날 서울 돈암동에서 미아리로 넘어가는 고개를 '되너미 고개'[적유령·狄踰嶺]라고 불렀는데 이곳이 북방 민족의 주거지였을 것이라는 추정도 있어요. 풀이하면 오랑캐 적, 넘을 유, 고개 령입니다. 돈암동도 '되넘이' '되너미'에서 유래했다고 해요.

그런데 인근 돈암동에서 정릉으로 넘어가는 고개를 '아리랑 고개'라고 부릅니다. 이 '아리랑 고개'에서 춘사(春史) 나운규(羅雲奎, 1902~1937)가 우리나라 최초의 극영화 '아리랑'을 촬영했다고 합니다.

아리랑, 미아리, 되넘이, 되너미, 돈암동 등이 놀랍게도 모두 서로 연결이 됩니다.

《한국민족문화대백과사전》에 따르면 적유령은 평안북도 희천군(지금의 자강도 동신군) 동창면과 강계군 화경면(지금의 전천군) 사이에 있는 963m 높이의 고개를 말합니다. 옛날 오랑캐가 쫓겨 넘어갔다 하여 '되넘이령' 또는 '되남령'이라 하던 것을 한자어로 '적유령' 또는 '저구령'이라 하였다지요.

일본에도 '아라레 아라레오'하고 부르는 '아라레[阿良礼]' 노래가 있는데, 한국의 아리랑과 동계(同系)의 노래일 가능성이 높다고 합니다. 아무튼 아리랑은 고개 너머에 있는 그리운 고향처럼 모든 민중이 공감하고 있는 절실한 소망을 표출하는 유구하고도 유일한 매체였어요.

\#   쫓겨 가던 할아버지와 할머니

《흙 속에 저 바람 속에》 서문은 바로 그런 고개에서 있었던 일이에요. 지프를 타고 속력을 내며 고갯길을 돌아 내려오는데, 마침 그 앞에 나이가 든 시골 할아버지 할머니가 있는 거예요. 농부 특유의 옷차림에, 장을 보고 오는지 할아버지는 작은 짐을 들고 느긋하게 길을 걷고 있다가 자동차 경적 소리에 뒤를 돌아본 거지요.

마차 정도나 다니지 지프가 다니지도 않는 시골이에요. 시골에 있어도 비행기는 하늘을 날아다니니까 봤어도 자동차는 여간해서는 볼 일이 없어요. 그런데 갑자기 등 뒤에서 차가 나타나니까 평생 차를 피해 보지 못한 이분들이 깜짝 놀라서 뛰어요. 그냥 뛰었으면 내가 그렇게 가슴이 아팠을까.

그 경황없는 가운데 두 노인이 손을 부여잡고, 또 그 보따리에 뭐 그리 귀중한 게 들었겠어요? 시골 장터에서 구입한 거라고 해봐야 양잿물, 북어 대가리 그런 것일 텐데 그걸 다른 손에 또 꼭 부여쥐고 놓질 않아요.

닭, 오리, 칠면조처럼 가금(家禽)으로 키우는 못 나는 새들은 개나 여우 같은 육식 동물이 덤벼들 때 뛰어서 피해요. 그런데 그냥 무작정 앞만 보고 푸덕푸덕하며 달려가는 거죠. 바로 그 두 노인분이 그랬어요. 뒤에서 빵빵하고 경적을 울렸으니 길옆으로 피하면 간단할걸, 기를 쓰고 앞으로만 계속 뛰는 거예요. 놓치지 않으려고 손을 꼭 붙잡고, 서로 다칠까 봐 걱정하면서.

도시 사람들은 뒤에서 경적을 울려도 쓰윽 보고는 느긋하게 길옆으로 슬쩍 피해주는데 자동차에 놀라 뛰어가는 촌로의 뒷모습에서 내가 뭘 봤겠어요. 그 장면을 보던 때 나는 25세나 26세쯤 되었어요. 확실하진 않지만. 어쨌든 서른이 되기 전에 쓴 글이거든요. 그때 그분들은 내게 역사 속에서 끝없이 쫓겨 다니던 우리 아버지, 우리 어머니, 할아버지를 생각하게 했어요. '우리 조상들이 저런 모습으로 도망갔구나, 가축의 모습으로 쫓겨 다녔구나.' '천년을 그렇게 살아온 내 할아버지와 할머니의 뒷모습을 만난 것'이라고 생각했어요.

쫓겨 가던 뒷모습, 우리 역사 속에서 허둥지둥 가축처럼 쫓겨 간 한민족. 그러니까 그 이야기를 하자고 생각했어요. 그것이 그때 내가 쓴 책 《흙 속에 저 바람 속에》였던 거죠.

전환기 한국 사회의 자화상으로 남다

    [엮은이의 말] 《흙 속에 저 바람 속에》의 부제는 '이것이 한국이다'였습니다. 흔히 주변에 보이는 한국의 여러 문화적 소재를 문제 삼았는데 윷놀이와 돌담, 장죽, 지게, 바가지 등이 소재로 등장했지요.

그 시각은 매우 날카로웠고 기발했으며 독특했어요. 예컨대 잠을 말하는 의태어(색색, 콜콜, 쿨쿨 등)를 통해 서양어를 뒷전으로 돌렸어요. 또 '눈물이 골짝 난다'는 속담을 예로 들며 먼 조상으로부터 대대로 물려받은 유산이 울음이요, 눈물이라고 했습니다.

한국에 대한 절절한 애정, 따스한 가슴이 느껴지지만 그 속을 파고드는 날카로운 눈길에서 어김없이 이어령식 창조성을 엿볼 수가 있었습니다. 신라 흥덕왕이 〈앵무새의 노래〉라는 시를 지었다고 하는데 내용만 어렴풋이 전해지고 있어요. 어느 날 앵무새 암컷이 죽자 혼자 남은 수컷이 종일 구슬프게 울었다고 합니다. 흥덕왕이 앵무새가 불쌍해 거울을 앵무새 앞에 달아주었답니다. 앵무새가 구리거울 속에 어리는 자기 모습을 향해 부리로 쪼고 쪼아대다가 죽었다고 하지요.

이어령 선생은 첫 책《흙 속의 저 바람 속에》에 대해 "거울 속의 자기 심장을 부리로 쪼는 그 앵무의 아픔, 외로움, 그리고 피투성이가 된 자기 분신의 모색과 닮은 데가 있다"고 고백한 적이 있습니다. 비록 겸양의 언사겠지만 "어둡고 살벌하고 답답"하게 한국의 자화상을 그렸다고 말한 적도 있습니다. 1960년대 당시 사회가 농업사회에서 산업사회로 옮겨감을 역설하기 위해 '악운과 가난과 횡포'에 쫓겨나는 한국을 바라봤던 거지요.

이 폐허의 제단에 엎드려 빈 그 생의 내용은 천년 전 그 옛날이나 천년 후의 오늘이나 변한 것이 없다. 살아 있다는 말조차 변변히 다 하지 못하는 백성들이다. 사랑에 굶주려 왔고 평화에 목이 타던 백성들이다. 빼앗고 짓밟고 모멸의 삶만을 남겨 놓은 그자들에게 분노조차도 느껴 본 일이 없는 사람들이다. 가라고 하면 가고, 있으라 하면 있었다.

　-《흙 속의 저 바람 속에》 중에서

이어령 선생은 "우리들의 성장(成長)은 밤 속에서, 그리고 폭풍 속에서, 역리(逆理)의 거센 환경 속에서만 이루어진다"고 하셨지요. 그리고 세월이 흐른 뒤에 새롭게 한국인 이야기를 간절히 쓰시기를 원하셨고, 생명이 다할 때까지 그 작업에 매달렸습니다.

이렇게 말한 적도 있어요. "내가 마지막까지 한국인 이야기에 매달리는 것도 과거에 쓴 한국인 이야기를 새롭게 고쳐 쓰기 위해서"라고 말이죠. 또 "당시 나의 견해가 반드시 옳은 것이라고 고집할 생각은 없다"고 하셨지요.

1986년 삼성출판사에서 《이어령전집》(전20권)을 낼 때 첫 책 《흙 속에 저 바람 속에》를 두고 이렇게 말씀하셨습니다.

그 뒤로 필자의 생각에는 많은 변화가 일어나, 이곳에서 주장했던 글들과 정반대되는 글도 나오게 되었다. 그러나 필자의 사고가 변해가는 과정과 흔적을 보여준다는 점에서, 가필을 하거나 수정을 가하지 않은 채 그대로 실었음을 밝혀 둔다.

　-《이어령전집 1》 중에서

2장 이름 찾기

꽤 오랫동안 '이어령'이 아니었습니다

《흙 속에 저 바람 속에》가 1963년에 처음 책으로 나왔어요. 그 때는 저자의 사진을 책에 넣어주는 경우가 있었거든요. 그 사진 속지에 내가 내 이름을 써넣었어요. '이어영'이었습니다.

어렸을 때 집에서 부르던 이름은 '의영'이었지요. 저더러 다들 "의영아, 의 영아!" 그렇게 불렀어요. 서울 경기도에서는 '어(御)' 자의 발음을 '의' 혹 은 '으'라고 했거든요. '암행어사'라고 하지 않고 '암행의사'라고 하는 식이 죠.

원래 '령(靈)' 자는 단어가 제일 앞에 나오면 '영'으로 발음하고, 중간에 나 오면 '령'으로 읽습니다. 그런데 '어' 자를 '의'라고 발음해버리니까 히아 투스(Hiatus · 모음충돌) 현상이 일어나지 않고 '령' 자가 처음에 나온 것과 마찬가지로 여겨져요. 그래서 마지막 '寧' 자가 '영'으로 발음된 거죠.

지금이라면 학교에 들어가서는 의당 내 이름을 들을 수 있었겠지요. 교육 기관에서는 표준말을 쓰니까요. 하지만 내가 초등학교에 들어가던 때는 일제 시대였습니다. 창씨개명 때문에 아무도 내 진짜 이름을 불러주지 않았어요. 6학년 때 해방이 되면서 비로소 내 이름을 찾았는데, 그때는 나더러 '어녕'이라고 했어요.

그러다 또 중학교에 갔더니, 그때는 한글맞춤법도 없었을 땐데, 국어 선생님이 "'어녕'이가 뭐냐, '어영'이다, 너는." 하시는 게 아니겠어요.

저는 대학 졸업 직후에 교수를 했으니 교수치고는 무척 젊었습니다. 당시 영국문화원(British Council)에서 우리 외교 문화인사를 초청하는 행사가 있었어요. 내가 거의 최초의 한국문화론인《흙 속에 저 바람 속에》의 저자이고 대학교수니까 나를 초청했었죠. 영국 문정관이 나를 보고 자기도 모르게 "Oh, Young!", 그러니까 '너 참 젊다!'며 감탄을 해요. 그러더니 자기가 나를 초청하려면 내 이름의 로머나이즈(Romanize)를 적어야 한다며 묻기에, "네가 지금 나에게 'Oh, Young' 그랬잖아, 그렇게 쓰면 돼."라고 대답한 일이 있어요. 그때부터 내 이름의 영문 표기는 'O Young'이에요. '어영', 또는 '오영'으로도 읽히죠. 인터넷에서 나를 영어로 검색할 때도 그렇고, 내 책 영문 번역본의 저자 이름도 모두 'by Lee O Young'로 되어 있어요.

그 뒤 내 글이 국정교과서에 실리게 되어 편수관들이 모였어요. 그때는 남의 이름이라도 본인의 의사와는 상관없이 국가에서 지정한 표기법으로 통일하게 했죠. 당시 지정 표기법으로는 지명은 속음으로 읽게 되어 있었어요. 그러니까 충남 보령(保寧)이라고 하지 '보영' 또는 '보녕'이라고 읽거나 표기하지 않잖아요. '보령, 회령, 비령' 하는 식으로 지리책에서 '寧'자가 들어간 지명은 모두 '령'으로 표기하고요. 마찬가지로 사람 이름에도 '寧'자가 있으면 '령'으로 표기하는 것이 원칙이 된 거죠. 그래서 교과서에는 내 이름이 '이어령'으로 표기되었어요.

\#   "선생님! 지금 선생님의 이름을 놓고 싸움이 붙었습니다!"

         당시 내가 교수로 있던 이화여대에 가면 '이어녕' 선생이고, 월급봉투나 기타 문서에도 '이어녕'인데 교육부에 가면 '이어령'이 되어 교과서에는 전부 '이어령'으로 실렸어요. 그러니까 사람들이 술 먹다 말고 한밤중에 나에게 전화를 걸어 이렇게 묻는 겁니다.

 "선생님! 지금 싸움이 붙었는데, 선생님 이름이 이어영입니까, 이어녕입니까, 이어령입니까?"

그때마다 나는 "아무렇게나 불러도 됩니다"라고 대답했어요. 사람들은 "아니, 내기가 걸렸는데 아무렇게나 하면 돼요?"라고 불평했지만, 나로서는 그렇게 대답해서 서로 다 이긴 걸로 해주는 수밖에 없었어요. 내가 어느 쪽의 손을 들어주면 누군가는 잃을 수가 있는데 그건 내 책임이잖아요. 한때는 책에 저자 사인을 '이어영'이라고 해줬는데, 왜 그때 '이어영'이라고 사인해놓고는 지금은 '이어령'이라고 하느냐고 따지면 나는 할 말이 없거든요.

집안에서 불러준 '이의영', 중학교 때 '이어영', 그리고 대학에서는 '이어녕', 교육부가 나에게 붙여준 이름 '이어령'! 내가 내 이름을 어려서부터 쓰고, 20대부터 글을 쓰고 책을 내기 시작해서 이렇게 거의 60~70년을 이 성(姓)과 이름을 가지고 책을 내고 저자 사인을 해주었는데도 내가 내 이름을 제대로 대답하지 못하는 거예요.

남들은 저더러 유명한 사람이라고 하기도 합니다. 하지만 세상에 널리 알려진 이름을 가진 사람이 자기의 이름을 모르는 거예요. 광복 후 70여 년이라는 긴 세월 속에 일제 시대 강제로 창씨개명한 것을 제외하고라도 '李御寧'이라는 이름 하나가 이처럼 다양하게 변했어요. 남들이 그렇게 불러준 것만이 아니라 나 스스로도 그렇게 달리 써왔고요. 그러니까 나를 부르는 명칭을 두고도 '어떻게 해서 어디까지 온 건가?' 하고 한 번쯤 되물을 수밖에 없죠.

시간이 흘러 언젠가부터 나도 독자들에게 '이어령'이라고 사인을 해줬어요. 세월이 흐르면서 얼굴색이 변한 것처럼 이름도 바뀐 겁니다. 그렇지만 지금《흙 속에 저 바람 속에》초판 저자 보관본을 펼쳐 보면, 선명하게 나의 글씨로 써놓은 나의 이름 '이어영'이 있습니다.

가슴을 울리는 말은 어머니에게서 배운 말

    내 이름에도 이러한 비화가 있지만, 나의 첫 번째 책《흙 속에 저 바람 속에》역시 이름에 얽힌 이야기가 있어요. 사람들은 이 책의 제목을 두고 시적(詩的)이라는 말을 많이 해요. 사실 이 책이 첫 출간될 당시에는 한자어로 된 제목이 일반적이었거든요.

《흙 속에 저 바람 속에》를 그 시절에 흔히 쓰이던 한자어 제목으로 바꾸면 '풍토(風土)'가 돼요. '정신풍토', '지리풍토' 이런 말을 많이 쓰던 시대였죠. 여담이지만, 이 '풍토'라는 말을 영어로 하면 우리가 흔히 기후로 알고 있는 'Climate'가 되죠. 그리스어의 'Klima', '기울다'에서 나온 말로 원래는 '언덕의 경사로 둘러싸인 어떤 지역'을 의미했어요.

어쨌든 그렇게 흔하게 사용되던 말이 풍토였지만, 그 말을 들을 때면 가슴에 찡하게 오는 무엇이 없었어요. 왜냐하면 세 살 때 배운 순수한 우리말이 아닌, 한자를 말했기 때문이지요.

풍토의 풍(風)이 뭘까요. 그렇죠, 바람이에요. 토(土)는 흙이고요. 책의 제목을 지으며, 이 풍토라는 말을 내가 세 살 때 어머니에게 배운 말로 바꾸면서, 바람이 뒤에 오고 흙이 먼저 오도록 순서만 뒤집었어요. 흙, 바람이라는 말에 '속에'라는 말을 붙이고, 눈에 보이지 않는 바람에는 '저'라는 말도 슬쩍 끼워 넣어 '저 바람 속에'라고 손가락질하듯이 불러봤습니다. 그러자 바람이 보이는 듯했죠.

그러니까 '흙 속에 저 바람 속에'라는 건 '풍토'라는 말과 사전적 의미는 같습니다. 하지만 한자로 '風土'라고 할 때는 아무것도 느껴지지 않는 추상어였던 것이, '흙 속에 저 바람 속에'로 바뀌는 순간 '아! 풍토라는 말이 바람과 흙이구나.' 하고 사람들이 깨닫게 되었던 거죠.

흙과 바람.

우리 몸, 육체는 흙이에요. 마음, 또는 정신(Spirit)이라는 것은 바람이에요. 흙은 변하지 않지만 바람은 수시로 변해요. 그러니 우리에게는 변하는 '나(마음)'와 변하지 않는 '나(몸)'가 있다는 것을 알게 되는 거죠. 나만이 아니라, 한국인에도 그런 변하는 것과 변하지 않는 것이 있는 법이에요. 그래서 《흙 속에 저 바람 속에》가 한국문화론의 시작을 알리는 제목으로 어울렸던 거예요.

그 이름이 《풍토》였으면 어색하지 않았을까요. 사실 제목 덕분에 베스트셀러가 될 수 있었다고 말하는 사람도 있어요.

한자에 갇혀 있던 느낌

우리나라 근대문학이 막 부화하던 시절의 책 제목들을 보면 아마 한글 문화가 정착되기 전 상황이 더 빨리 이해될 거예요. '신체시(新體詩)의 효시'라고 하는 육당(六堂) 최남선(崔南善 · 1890~1957) 선생이 있잖아요. 우리나라 최초의 현대시를 최남선 선생이 썼는데 그 작품의 제목이 〈海에게서 少年에게〉예요. 보시다시피 한자로 '바다 해(海)'자를 쓰잖아요?

88서울올림픽을 앞두고 국제펜클럽대회를 한국에서 열었을 때 내가 이 〈海에게서 少年에게〉를 소개한 일이 있어요. 세계에서 내로라하는 작가들이 왔지요. 스크린 전면에 이 시의 영문 제목이 떴는데 눈이 아득해지더라고요. 〈From the Sun, To the Boys〉. 화들짝 놀랄 수밖에요. 한글로 '해에게서 소년에게'라고 적어놓은 걸 번역자가 보고, 바다 해(海)를 하늘에 떠 있는 해(日)로 생각하곤 'Sun'으로 옮긴 거죠.

신체시(新體詩), 새로운 모습의 시라는 뜻 아녜요. 그러니 더욱 더 '바다에서 소년에게'라고 하는 것이 마땅한데 왜 '海에게서 소년에게'라고 했을까요? 당시에는 바다를 해(海)라고 하고, 사람을 인(人)이라고 하는 게 더 알기 쉬웠던 거죠. 한자 세대였으니까요.

우리말의 '이'는 치아를 의미하죠. 그런데 병원 중에 이비인후과라는 게 있잖아요. 이비인후과의 '이(耳)'는 귀를 뜻하는 한자예요. 그래서 한자 세대에서는 누가 "너 이가 이상하다"라고 말하면 되묻게 되었던 거죠. 두 손으로 각각 귀와 치아를 가리키며 "귀요? 치아요?"라고요.

우리나라 최초의 신소설로 알려진 《혈(血)의 누(淚)》라는 이름을 들어보셨지요? '피의 눈물', '피눈물'이라는 뜻이죠. 그렇게 말하면 간단할 것을, 굳이 한자를 써서 '血의 淚'라고 제목을 붙였어요. 그래도 소설가라면 제 나라말, 그것도 세 살 때 배운 말로 써야 하잖아요. 하지만 한자 세대는 한자가 우리나라 말보다도 더 익숙했어요. 이인직(李人稙·1862~1916) 선생처럼 신(新)소설을 내세우던 작가들마저 그랬어요. ▶신체시와신소설 모두 한자에 길들여져 있어 '피눈물'이라는 말조차 못 꺼내던 때였죠. 한국 사람이면 "내 눈에서 피눈물이 나" 그러지, 누가 "내 눈에서 혈의 누가 난다"라고 하나요. 그럼 무슨 실감이 나겠어요? 아버지가 막 화를 내면서 "너 그 짓하고 내 '혈의 누' 나는 걸 봐야 되겠냐!" 하면 아무런 감동이 없잖아요. "내 눈에서 피눈물 나는 걸 봐야 되겠냐!" 이런 말을 들어야 마음이 찡하죠.

그러니까 《풍토》, 그러면 독자들이 감동하지 않았을 텐데 《흙 속에 저 바람 속에》 하니까 감동했던 거예요. 게다가 그냥 바람도 아니고 '저 바람'이라 하고 거기다 '속'이라는 글자가 두 개 나오니 운율이 붙어요. 또 이게 완결된 문장이 아니에요. '흙 속에 저 바람 속에….' 그러니까 종이 울리다 만 것처럼 여운이 있잖아요. 흙 속에 뭐가 있는지, 바람 속에 뭐가 있는지 아무 이야기도 안 했는데 사람들은 제목 하나만으로 상상하는 거예요,

흙 속에 저 바람 속에 있는 무언가에 대해.

한글 세대인 요즘 사람들은《혈의 누》라는 제목을 보면 '남원 광한루' 같은 것을 떠올리게 될지도 모르겠습니다. 사실 엄청난 문화적 깊이와 위용을 지닌 것이 또 한자 문화예요. 그러니까 신소설, 신체시를 쓰던 이인직 · 최남선 선생이 굉장히 위대한 분이지만, 이 책을 읽는 여러분이 한자 세대가 아닌 한글 세대라서 그분들의 위대성을 실감하기 어려운 것이죠.

신체시와 신소설

우리나라에 신체시 또는 신시(新詩), 즉 서양식 시가 처음 등장한 것은 1990년대로, 육당(六堂) 최남선(崔南善 · 1890 - 1957)의 〈해에게서 소년에게〉를 최초의 신체시로 여깁니다. 이 시는 1908년 11월《소년》지에 실렸습니다. 서두는 이렇습니다.

철썩…. 철썩…. 척, 쏴~아. 따린다, 부순다, 무너 바린다. 태산(泰山) 같은 높은 뫼, 집채 같은 바윗돌이나, 요것이 무어야, 요게 무어야, 나의 큰힘 아느냐, 모르느냐….

육당은 근대화 여명기에 박람강기(博覽强記)한 학자였습니다. 신문관과 동명사를 설립한 신문화 운동가로, 논설 쓰는 신문사 사장을 지낸 언론인이기도 했어요.

또한 많은 시조를 쓴 시인이자 잡지 《소년》, 《샛별》, 《청춘》 등을 발간, 신문학 운동의 개척자로 활약이 대단하였습니다. 20세기 전반 정치 사회 문화 교육 역사 사상 언론 문학 등 전 분야에 뛰어들어 신문화의 발전에 큰 기여를 한 인물입니다.

신소설 역시 고전소설과 대비되는 '새로운 소설'이라는 의미를 담고 있습니다. 1917년 이광수(李光洙 · 1892~?)의 본격적인 근대 소설 《무정》이 등장하기 이전의 개화기 소설을 일컫는 말입니다. 이인직이 지은 《혈의 누》가 그 시작이죠. 이 작품의 출현을 계기로 소설의 형식과 내용이 적으나마 고대소설의 격식에서 벗어나 근대소설의 영역에 접근할 수 있게 되었다고 하지요. 그러나 읽어보신 분들은 알겠지만, 고대소설의 방식에서 여전히 벗어나지 못한 부분이 많습니다.

소설의 상편은 1906년 7월 22일부터 같은 해 10월 10일까지 50회에 걸쳐 《만세보(萬歲報)》에 연재되었고, 하편에 해당하는 〈모란봉(牡丹峰)〉은 1913년 《매일신보》에 연재되다가 미완성으로 끝이 났습니다. 단행본은 1907년 3월 펴냈는데 작품 내용이 《만세보》 연재분과 약간 차이가 있는 것으로 알려져 있습니다. 《혈의 누》라는 제목은 말씀드린 대로 '피눈물'이라는 뜻이지요.

#　　우리의 언어를 찾다

　　　　한글 세대, 즉 우리말 세대는 광복 이후 고작 70여 년밖에 되지 않아요. 한글을 일상적으로 사용하는 여러분은 그것이 아무것도 아닌 것 같겠지만, 한국 사람이 세 살 때 배운 어머니 말로 통하는 세상이 왔으니 우리는 옛날 사람보다 행복한 시대에 사는 거예요. 그런데 우리나라 말 쓴다고, 이비인후과의 이(耳)라고 하지 않고 귀라고 한다고 행복해하는 사람이 있어요? 행복이 먼 데 있는 게 아니에요.

비교해보면 이인직ㆍ최남선 선생이 얼마나 답답했을까요. '바다'를 '바다'라고 부르지 못하고 '해(海)'라고 쓰면 '해(日)'로 받아들일 수도 있는데도 그렇게 썼다고 하니, 또 그걸 우리나라 최초의 근대시인 신체시라고 부르니, 우리 근대라는 것이 오죽했겠어요.

한글 세대 이전에는 한자 세대가 있었어요. 나는 서당 가서 천자문을 배웠으니 그 세대에 약간은 걸쳐 있는 사람이에요. 일제 시대에 태어나 자랐고 그때 초등학교에 다녔으니 일어 세대는 말할 것도 없죠. 이름까지도 일본식 이름으로 창씨개명을 했었으니까요.

그런 시대에 살고 있었지만, 나는 책의 제목을 '血의 淚'와 같은 형식인 '風土'라고 하지 않고 '흙 속에 저 바람 속에'라고 했어요. 한자어 대신 순수한 어머니의 말로 한 거죠. 이 책이 외국에서도《Climate》가 아니라《In This Earth, In That Wind》라는 제목으로 번역되었어요. 풍토라는 말이

한자에서 온 것이 아니라 우리의 흙과 바람이라는 의식의 연장이죠. 이것
을 영어로 번역했을 때 내 사상은 중국에서 온 것이 아니라 한국의 사상
이 배어 있는 것으로 세계에 알리고 싶었거든요.

3장   다시 만난 한국인의 뒷모습

\#   다시 찾은 고갯길

    고개에서 도망치던 우리 할아버지 할머니를 목격한 그때가 《경향신문》 논설위원을 할 때였죠. 타고 있던 차도 신문사의 차라는 말은 앞에서 했고요. 그리고 몇십 년이 지나, 그 쫓기던 노부부가 있던 길에 다시 한번 가봤어요. 불하받은 미제 군용 지프가 아니라 제대로 된 우리 국산차 에쿠스를 타고 갔어요. 네 바퀴 달린 말[馬]을 타고 그곳에 다시 간 셈이죠. 에쿠스(Equus)가 라틴어로 '말'이라는 뜻이에요.
내가 어렸을 때 기억으로는 그곳이 무척 깊은 산골의 높은 고개였어요. 그때는 '청다니 고개'라는 이름이었는데, 밤에 고개를 넘으면 호랑이가 모래를 끼얹는다는 전설이 있었지요. 동네의 어떤 사람이 장 보고 오다가 호랑이 때문에 놀라 허리를 다쳤다는 말도 있고. 그런데 지금 가보니 거

075

기는 호랑이가 나올 만한 깊은 산골도, 높은 고개도 아니었어요. 내가 지프를 타고 갔을 때만 해도 조그마한 길이었는데 지금은 차가 다니기 좋게 다 깎아 완만한 언덕에 버스가 다니는 4차선 도로예요. 심지어 그 길의 아래에 광케이블이 깔려 있으니 조심하라는 팻말도 달려 있었어요. 다만 서낭당 나무는 그대로더군요. 어지간히 늙은 그 나무가 그 자리에 옛날처럼 서 있었어요.

예전에는 시골 마을 입구나 고갯마루 길가에 나무 한 그루, 그 밑에 쌓인 돌무더기, 여기에 오색 헝겊이 매달린 나뭇가지를 흔히 볼 수 있었어요. 신당목(神堂木)이라고 불렀던 이런 고목이 있는 곳에 우리 조상들은 당집을 지어 서낭당이나 부군당(符君堂)이라 부르곤 했죠. 마을 뒷동산에 산신당(山神堂)을 놓았듯이 말예요. 마을 사람들은 서낭당에 신이 있어 외부에서 마을로 들어오는 액(厄), 재앙(災殃)을 막아준다고 믿었습니다.

길 가던 나그네도 이런 고목을 지날 때면 돌을 하나 주워다가 돌무더기에 얹고 솔가리를 꺾어 던지며 침을 뱉고 왼발을 굴렀다고 합니다. 모여 있던 잡귀를 쫓아 따라오지 못하게 하는 의식이라고 하지요. 여행길의 안전을 비는 주술에 해당합니다.

한승원의 소설 《새끼 무당》(1994)에도 서낭당이 등장하죠. 이런 구절이 있어요.

　하루도 빠짐없이 꼭두새벽에 일어나서 찬물로 목욕을 하고, 서낭당에 들어가서 몸주들을 향해 땀을 뻘뻘 흘리면서 절을 하기도 하고….

우리나라 서낭당에 대한 학설은 다양합니다. 그중 하나가 돌개장[石葬]설이죠. 옛사람들은 사람이 죽으면 산야에 버리곤 했는데 그 해골이 보이지 않게끔 행인들이 돌을 던져 묻어주었던 데서 비롯됐다는 설이에요.

한편 서낭당이 사람들을 올바르게 살도록 하는 감시자 역할을 했다고도 하죠. 평안도에서는 '서낭당 할미' 설화가 전해 내려오는데, 인근 주민들의 선행과 악행을 빠짐없이 적어 두었다가 섣달 스무나흗날 하늘로 올라가 옥황상제에게 낱낱이 보고하여 상과 벌을 내리도록 했다고 합니다. 중국의 도교(道敎)사상의 영향도 보이고요.

중국의 '성황'이 한반도로 들어오면서 '서낭'과 뒤섞였을 것으로 추정하는 시각도 있어요. 하지만 서낭당은 중국의 성황당(城隍堂)과 비슷하지만 다른 공간입니다. 성황당에서도 신수(神樹)와 잡석(雜石)의 누석단(累石壇)에 종이나 머리카락을 달아맨다고 해요. 그러나 '서낭'은 산신 계통의 신이라는 점에서 한자로 표기할 수 없는 한국의 신을 담고 있어요.

서낭당의 모습 자체는 북방 몽골의 오보[顎博]와 비슷합니다. 몽골인들은 '오보'를 만들 때 잡석을 쌓아올린 다음 나뭇가지를 꽂지요. 대개 언덕 위 높은 곳에 위치해요.

가장 유력한 것은 경계(境界)설입니다. 서낭당이 자리한 위치를 보면 동구나 고갯마루, 산마루 등 일종의 경계가 되는 지점인데 예외가 없어요. 그

곳에 지경(地境), 즉 경계 표시로 돌을 쌓아 두었던 것이 시초로, 후에 마을을 수호하고 또 마을을 떠나가는 행려자들의 안전을 보살피는 수호신을 그곳에 모셨던 거라고 하지요.

20대 후반의 나는 그 경계의 자리에서 할아버지 · 할머니의 뒷모습을 보고 가축처럼 쫓겨 간다는 생각을 했어요. 우리 조상들은 참 못났다, 왜 쫓겨 다니느냐고 가슴을 치고 화를 냈는데, 시간이 지나서야 그게 아니라는 것을 깨달았어요.

양심적인 일본 지식인, 기무라 에이분

어렸을 때는 한국 사람의 진짜 뒷모습을 몰랐어요. '아! 그게 아니다, 내가 잘못 알았구나'라고 생각한 것은 내가 이화여대 교수가 된 뒤니까 《흙 속에 저 바람 속에》(1963)를 쓴 후예요.

1960년대 남진의 〈가슴 아프게〉라는 노래가 나오고, 이미자 노래가 일본에서 인기를 얻으면서 일본에 한류 붐이 막 일려고 할 때였어요. 지금은 세상을 떠났지만, 그때 일본에 기무라 에이분(木村榮文 · 1935~2011)이라는 아주 양심적인 지식인이 있었어요. 다큐멘터리를 아주 잘 찍는 사람이었지요. 상도 많이 타고요.

그분이 1970년대 초반에 일본 RTV에서 〈봉선화 필 때〉라는 특집 프로그

램을 만들었어요.[3] 이 기무라 에이분은 일본이 한국을 강점하고 있을 때 알던 한국인 친구들이 더러 있었어요. 그래서 그 한국인 친구들이 그 시절, 얼마나 '가슴 아프게' 지냈는가를 취재하러 한국에 오면서 나를 만난 거예요. 그때 인터뷰 대상이 가수 이미자, 나, 그리고 1919년 4월의 비극적인 수원 제암리 사건 때 살아남은 생존자 할머니였어요. ▶제암리 사건을 알린 사람

내 책《흙 속에 저 바람 속에》가 전 세계에서 번역될 때였는데, 이웃 일본에서는 《恨の文化論(한의 문화론)》(1978)으로 소개되었지요. 당시로선 우리나라를 최초로 다룬 '한국문화론'이었어요. 그래서 나를 찾아왔던 겁니다. 그 무렵, 우리는 다들 일본이 그렇게 잘났다고 생각하고 있을 때인데, 그는 한국에 와서 뜻밖에도 '한국인이 위대한 사람'이라는 거예요.

나 역시 '한국인의 뒷모습'을 떠올리며 다시 말해, 지프의 경적 소리에 놀란 노부부가 서로 손을 꼭 쥐고 뒤뚱거리며 곧장 앞으로만 뛰어 달아나는 모습만 생각한 거예요. 그 모습이 떠올라 한국인은 그냥 그렇게 쫓겨 다니는 사람인 줄 알았습니다. 참 불쌍한 한국인, 지지리도 못났다고 생각했죠.

고백하자면, 남들은 다른 나라 쳐들어가서 온갖 것을 다 빼앗아 오는데,

---

3 〈鳳仙花～近〈遥かな歌声～〉,《RKB 마이니치》, 1980.11.06. 본문에는 저자의 기억에 따른 서술을 그대로 표기했습니다. (엮은이 주)

물론 그게 좋은 일은 아니지만, 그래도 이왕이면 정복하는 사람이 되지 왜 맨날 정복당하고 빼앗기는가, 하고 답답해했었어요.

중국을 보세요. 원(元)나라를 세운 몽골족, 금(金)나라를 세운 여진족, 청(淸)나라를 세운 만주족 모두 중국 한족(漢族)의 입장에서 보면 우리와 같은 변방 오랑캐거든요. 그 사람들 중에 중국 전역을 한 번쯤 지배해보지 않은 민족이 없어요. 오직 우리 한(韓)민족만이 중국을 지배해보지 못했죠.

그런데 요즘 보세요. 중국의 변방 민족 중 자민족의 국가를 가지고 있는 나라는 몽골을 제외하면 한국밖에 없어요. 다른 민족은 중국 본토에 세웠던 나라가 망하는 것과 동시에 사라졌거든요. 우리가 중국을 지배하지 않았던 것도 다 생각이 있었던 거죠.

제암리 사건을 알린 사람

"스코필드 박사는 하나님이 한국에 파송한 천국의 대사(大使)였다."[4]

프랭크 윌리엄 스코필드(1889~1970 · 한국명 석호필) 박사는 한국을 조국처럼 사랑한 캐나다인이었습니다. 1916년 세브란스의학전문학교 교수로 내한한 후 3 · 1 운동을 지지한 혐의로 1년간 수감됐다가 캐나다로 추방되기도 했어요. 1955년

---

4   김수영, 《잊을 수 없는 스코필드 박사와 에델바이스의 추억》, 2021

한국으로 다시 돌아와 1970년까지 서울대 수의과대학와 장로회신학대, 감리교 신학대 교수 등을 지냈고 고아원을 설립한 적도 있어요.

수원 제암리(堤岩里) 참변은 1919년 3·1운동에 대한 일제의 보복 행위였습니다. 일본 군경이 수원군 향남면(지금의 경기도 화성시 향남읍) 제암리에 사는 민간인 20여 명을 학살하고 민가 30여 호를 불태운 것이지요.

무서운 살인사건에 대한 소문이 퍼지자 스코필드 박사는 기차를 타고 수원으로 향했다고 해요. 기차에서 내리자마자 일본 군인과 경찰들이 무슨 일로 수원에 왔는지 심문하기 시작했어요. 그가 제암리에 갈 수 있는 유일한 방법은 자전거를 이용하는 방법밖에 없었는데 제암리에 가고 싶었지만, 의심받을까 봐 반대 방향으로 달렸다고 해요. 시선을 따돌리기 위해서였죠. 군인 경찰대가 보이지 않자 다시 빙 돌아서 제암리로 갔다고 해요.

제암리의 현장은 충격 그대로였어요. 먼저 사진을 찍어 증거로 보존한 뒤 다친 많은 사람을 병원으로 실어 날랐습니다. 교도소를 방문하여 감방에 있는 이들을 위로하고 유관순도 만나 보았다고 해요. 서울로 돌아온 스코필드는 생생한 사진과 목격자의 증언을 토대로 〈수원에서의 잔악행위에 관한 보고서〉를 작성해 세상에 알렸습니다. 세월이 흐른 뒤 우리 정부는 석호필(石虎弼) 박사에게 1960년 국민훈장 무궁화장, 68년에 대한민국 건국훈장 독립장을 수여했어요. 벽안(碧眼)의 애국지사입니다.

정한의 밤차

기무라 에이분의 다큐멘터리는 한국의 여학교 학생들이 〈울 밑에 선 봉선화〉를 노래하는 것으로 시작해요. 왜 이 노래였을까요? 1920년 홍난파 작곡, 김형준 작사의 이 노래를 한국 가곡의 효시라고 하지요. 독립을 애타게 기다리던 한국인의 목소리가 담겨 있어요. ▶봉선화
다큐에는 또 나의 인터뷰와 함께 기차역 장면이 삽입되었죠. 그 인터뷰를 하면서 노래도 불렀어요. 〈정한(情恨)의 밤차(車)〉(박영호 작사 · 이기영 작곡)라는 곡인데, 1935년에 발표된 노래예요. 나는 노래를 못하는 사람인데, 이 노래는 잘 불러요. 노래의 가사는 이렇습니다.

기차는 떠나간다 보슬비를 헤치며
정든 땅 뒤에 두고 떠나는 님이여.

간다고 아주 가며 아주 간들 잊으랴.
밤마다 꿈길 속에 울면서 살아요.

님이여 술을 들어 아픈 맘을 달래자.
공수래공수거가 인생이 아니냐.

어릴 때의 기차는 지금 우리가 생각하는 기차와 달랐어요. 나는 시골에서 자랐는데, 기차를 타고 우리 고향에 도착했던 사람들은 모두 늑대와 같았어요. 그들은 대부분 일본인들이었고, 조선인 아이들에게는 우리 형을 빼앗아가고 우리 어머니나 누이를 능욕한 짐승 같은 사람들이었죠. 그러니 기차에 대한 감정이 좋을 수가 없지요. 또 기차를 타고 가는 조선인들은 죄다 고향을 떠나는 사람들, 아니 고향을 잃은 사람들이었어요.

소작 짓던 땅을 빼앗기고, 도저히 조선 땅에서는 먹고살 길이 없어서 저 용정이니 만주, 간도 땅으로 떠나는 사람들…. 그리고 동남아로 징용, 학도병으로 끌려간 사람들….

《흙 속에 저 바람 속에》에 담긴 '노부부'는 지프에 치일 뻔한 거잖아요. 그러나 그 이전에는 무시무시한 기차가 있었던 거지요. 근대의 상징이 기차라고 해도 한국인에게 기차는 반갑고 고마운 존재가 아닙니다. 거듭 말하지만 우리 누이, 우리 형, 우리 아버지가 정신대, 강제징병, 징용으로 끌려갈 때 쓰인, 무시무시한 굉음을 내는 검은색 쇳덩어리였어요. 다른 노래는 하나도 못 하는 내가 〈정한의 밤차〉라는 노래만 유독 잘 부르게 된 이유가 여기에 있지요.

땅속의 용이 울 때

봉선화

"울 밑에 선 봉선화야, 네 모양이 처량하다"로 시작하는 〈봉선화〉는 일제하 민족의 북받치는 설움을 노래한 대표적인 노래입니다. 1920년 작곡된 것으로 알려져 있어요. 일제 강점기 시절, 우리말을 할 수 없고, 더군다나 우리말로 노래를 부를 수 없던 시절, 마음으로 불렀던 슬픈 저항의 노래입니다.

일제 치하 우리 민족의 모습을 초라한 초가집 울타리 밑 봉선화의 이미지에 투영하고 있는데, 이 곡 3절의 "화창스런 봄바람에 / 환생키를 바라노라"라는 구절에서는 혼백만은 죽지 않고 길이 남아서 새봄에 다시 살아나기를 바라는 마음이 느껴집니다.

작곡자인 난파(蘭坡) 홍영후(洪永厚 · 1898~1941)는 모두 117곡의 동요를 작곡한 한국 근대음악의 선구자였어요. 대표적인 동요를 꼽자면 〈고향의 봄〉(나의 살던 고향은 꽃피는 산골~), 〈낮에 나온 반달〉(낮에 나온 반달은 하얀 반달은~), 〈고드름〉(고드름 고드름 수정 고드름~), 〈햇볕은 쨍쨍〉(햇볕은 쨍쨍 모래알은 반짝~) 등이 있어요.

작사가는 김형준(金亨俊 ·1885~?)인데, 1세대 피아니스트 김원복(金元福 ·1908~2002)의 아버지입니다. 난파보다 나이가 많았지만 음악가로서 교유가 두터웠다고 해요. 〈봉선화〉는 평안남도 출신 소프라노 김천애(金天愛 · 1919~1995)가 불러 널리 알려졌다고 합니다. 김천애는 1942년 일본 도쿄 무사시노 음악학교를 졸업하던 해 히비야공회당 음악회에서 앙코르 곡으로 이 곡을 불렀고 그 길로 도쿄 한국 YMCA로 가서 모두들 울면서 봉선화를 밤새 부르고 또 불렀다고 합니다. 훗날 통일이 되면 꼭 고향에 돌아가서 〈봉선화〉를 부르겠다고 다짐했다고 하죠.
이 노래는 '우리나라 최초의 예술 가곡'이라고 평가(음악평론가 이상만)되기도 합
니다.

\#   왜 떠나는 기차에 비는 올까요

옛날에 동네 사람들이 우리 집에 모이는 일이 많았어요. 그렇
게 바깥에서 손님이 온다든지, 귀한 손님이 오면 어머니나 아버지가 아이
들을 불렀어요.

"애, 의영이 오라고 그래라."

그러면 제가 가는 거예요. 사랑방에 모인 손님들 앞에. 형은 숫기가 없고,
나는 아직 어려서 뭘 모를 때니까 어른들이 뭘 시키면 부끄럼 타지 않고
그냥 했어요. 연출은 우리 형님이 맡고, 연기는 내가 했죠. 형이 "그냥 하
면 안 된다"며 "여기서는 좀 구슬프게 불러라" "여기서는 더 애절하게 해
줘야지", 이렇게 지도하는 걸 받고 어른들 앞에 나가서 노래를 불렀어요.
지금 생각하니까 그분들은 내 노래를 듣고 싶었던 게 아니에요. 그때
그 사랑방에 모였던 사람들은 다들 맘이 안 좋고 슬펐어요. 김동인(金東

仁 · 1900~1951)의 소설 〈붉은 산〉에서 '삵'이 죽어가면서 애국가를 불러 달라고 한 것처럼, 어린애가 부르는 〈정한의 밤차〉를 듣고 싶었던 거죠. 그 어린애가 부르는 "기차는 떠나간다 보슬비를 헤치고" 하는, 우리의 그 슬프고 한 많은 노래를 듣고 카타르시스를 느끼는 거예요. 어린 내가 그 노래를 하면 듣던 사람 중에는 눈물을 흘리는 사람도 있고, 한숨 쉬는 사람도 있고, 아까까지는 침통해하던 사람이 또 막 박수치면서 "야! 너 잘 부른다!" 하니까 저는 우쭐했어요.

게다가 용돈도 줍니다. 돈 몇 푼씩을 쥐여줘요. 어렸을 때는 그 재미에 어른들 앞에서 그 노래를 제법 자주 불렀지요.

그 노랫말을 보면 부슬비를 헤치고 기차가 떠나가는데, 기차가 떠날 때는 왜 밤낮 비가 오는 걸까요? 정한의 기차, 아니 〈정한의 밤차〉에서만 그런 게 아니에요. 1980년대에 가수 김수희가 불러 지금까지 전 국민 애창곡 인 〈남행열차〉도 "비 내리는 호남선~"이라고 시작하지요. 왜 우리나라는 기차가 떠날 때마다 비가 올까요? 비가 와야만 기차가 달릴 수 있는 것도 아닌데.

어렸을 때는 그 노래가 무슨 뜻인지도 모르고 어른들이 좋아하니까 그냥 불렀죠. 사실 초등학생이 되어서도 그 뜻이 뭔지는 몰랐어요. 그런데 뭔지 도 모르면서 우리가 하교할 때마다 무슨 의식처럼 하던 일이 또 있어요.

　　　기찻길 옆 주먹감자

　　　하교하는 길에는 철길이 있었어요. 우리 동네에 사는 아이들은 전부 그 철길을 따라 등하교를 했어요. 다른 길에서는 안 그러는데, 그 철길을 걸을 때는 다들 장난도 안 치고 말도 안 하고 심각하게 걸어요. 기차를 기다리느라. 기차는 거의 정시에 오니까, 아이들이 시계는 없지만 느낌으로 그즈음이 되면 다들 기찻길 옆에 일렬로 늘어섰어요. 기차 지나가는 걸 보려고요. 그러면 저쪽에서부터 기차가 칙칙폭폭 소리를 내며 달려오는 거죠.

보통 아이들의 놀이에는 리더가 있어요. 그땐 남자아이들이 주로 전쟁놀이를 할 때니까요. 그런데 기차를 기다릴 때는 리더도 없어요. 그냥 다들 서서 심각한 표정으로 기차만 보고 있다가 기차가 자기 앞으로 오면 욕을 해요. 주먹감자를 먹이는 거죠. 그건 일종의 의식이었어요. 기차에다 대고 하는 의식…. 아이들끼리 서로 어쩌는지 쳐다보지도 않아요, 기차를 보느라.

내 누이를 뺏어간 기차, 면소(面所)까지 와서 누구를 잡아간 기차. 아이들이 그 기차에 대고 주먹감자를 먹이면서 "야! 이 새끼들아" 하고 욕을 하는 거예요. 아무것도 모르는 아이들이 누가 시키지도 않았는데 상스럽게 그런 욕을 했다고요. 그 기차가 얼마나 많은 분노를 내려다 놓고 얼마나 많은 슬픔을 싣고 갔으면 그랬을까요. 어린아이들이 가본 적 없는, 말로만 들은 저 만주 벌판으로 쪽박 찬 우리 아버지 · 어머니, 아저씨 · 아주머니를 실어 나르던 기차를 향해 오죽했으면 그랬겠어요? 기차의 의미도 알지 못하면서 철길에 서서 매일같이 누가 시키지도 않았는데 그러는 거예요.

그런데 지금은 어때요. 요즘 아이들은 기차가 지나가든 말든 관심도 없죠. 아주 어린 아이들은 좋아서 박수치고. 이게 우리 역사의 변화입니다. 참, 웃음과 눈물이 뒤범벅되던 시절의 사연인데 지금 아이들은 아무것도 몰라요.

\#   갚을 원, 푸는 한

그래서 한국인의 노래 속에는 기차 타고 떠나는 사람들의 한(恨)이 있었어요. 일본 사람들은 원(怨)이나 한(恨)을 구별해서 쓰지 않지요. 일본에서는 둘 다 원수를 갚는 원이에요. 하지만 우리는 한을 푸는 한을 써요. 다르죠.

서양사람들은 어떤 분쟁이 일어났을 때 그것을 계산하고 밝히는, 합리적인 방식으로 매듭지으려 하죠. 그들은 따지는 것으로 싸움을 해결짓습니다. 그것이 재판이요, 토론이에요.

일본도 부동자세의 문화를 지니고 있습니다. 사무라이들의 세이자(正坐)라는 것은 무릎을 꿇고 앉아 동체를 꼿꼿이 세우는 것을 나타내죠. 그런 자세에서 시시비비를 따지고 승부를 겨룹니다.

그러나 한국인은 풀이의 방식으로 분쟁을 해결합니다. 싸움을 말릴 때 '서로 풀어 버리라'고 하지요? 시험을 칠 때도 '긴장을 풀라'고 하고요. 이때 풀어 버리라는 말은 가슴에 맺혀 있는 사사로운 감정이나 억울한 일을 물로 씻듯이 잊어버리라는 뜻입니다. 누가 더 이익을 보거나 누가 더 손해를 보고, 누가 더 잘했고 누가 더 잘못했고, 이런 것을 일일이 따진다는 것은 한국인의 기질에 어울리지 않아요.

민속신앙을 보아도 '살풀이'라는 것이 있지 않나요? 무당의 구실이 죽은 영혼의 원한을 풀어주는 것이죠. '푸닥거리'란 말이 바로 풀어주는 것에서 비롯된 말입니다. 종교가 이럴진대 다른 것이야 말할 필요도 없습니다. 예술도 감정을 풀어주는 데 그 근본을 두었어요. 조선 중기의 문신 신흠(申欽 · 1566~1628)이 쓴 시조 한 수를 읽어봅시다.

　노래 삼긴 사람 시름도 하도 할사
　일러 다 못 일러 불러나 풀었던가
　진실로 풀릴 것이면 나도 불러 보리라

노래를 부르는 것, 시를 짓는 것, 춤을 추는 것, 그 모든 것을 시름을 풀기 위한 것으로 보았습니다. 말로 다 풀지 못한 것을 예술의 형식으로 풀려고 한 것이죠. 시름풀이, 그것이 한국인의 예술이었음을 이 시조에서 알 수 있어요. 심지어 한국인은 심심한 것까지도 풀어 버립니다. 그래서 노는 것을 심심풀이라고 하지 않나요?

억울한 것도 풀고, 분한 것도 풀고, 그릇된 것도 우리는 풀어 버리려 합니다. 그것이 바로 화풀이요, 분풀이요, 원풀이였어요. 서구와 일본의 문화가 긴장의 문화라면 한국의 문화는 해소의 문화인 셈이지요.

\#   한국인의 마음을 풀었던 노래들

〈정한의 밤차〉와 함께 식민지 시대 한국인들의 서러움을 가장 잘 풀었던 노래로 〈타향살이〉와 〈눈물 젖은 두만강〉을 꼽을 수 있지요. 가사는 이렇습니다.

타향살이 몇 해런가 손꼽아 헤어보니 / 고향 떠나 십여 년에 청춘만 늙고
부평 같은 내 신세가 혼자도 기막혀서 / 창문 열고 바라보니 하늘은 저쪽
고향 앞에 버드나무 올봄도 푸르련만 / 호들기를 꺾어 불던 그때는 옛날
타향이라 정이 들면 내 고향 되는 것을 / 가도 그만 와도 그만 언제나 타향
- 김능인 작사, 손목인 작곡

두만강 푸른 물에 노 젓는 뱃사공 / 흘러간 그 옛날에 내 님을 싣고 / 떠나간 그 배는 어디로 갔소 / 그리운 내 님이여 그리운 내 님이여 / 언제나 오려나

– 김용호 작사, 이시우 작곡

〈타향살이〉는 "한국가요의 본격적 황금기를 개막시킨 첫 번째 작품"(가요평론가 이동순)이라는 평을 듣지요. 많은 가수가 불렀지만 고복수(1911~1972)의 노래로 널리 알려졌어요.

만주 하얼빈 공연이나 북간도 용정 공연에서는 가수와 청중이 함께 이 노래를 부르다 '기어이 통곡으로' 눈물바다를 이루었다고 하죠. 공연 전에 이 곡을 알려주지 않아도 관객은 이미 알고 조용히 따라 불렀다고 해요.

이런 일화도 있었다고 전해요. 용정 공연이 끝난 뒤에 30대 중반의 여성이 무대 뒤로 고복수를 찾아왔어요. 부산이 고향이라며 집 주소를 적어주면서 혹시라도 부산 쪽으로 공연 갈 일이 있을 때 고향 집에 자기 안부를 전해달라고 부탁했어요. 고복수에게 타향살이의 신세 한탄을 하던 그 여성은 격해진 감정을 억제하지 못하고 마침내 그날 밤 스스로 목숨을 끊고 말았대요. 이 소식을 들은 고복수는 자신이 마치 그 여인을 죽음으로 몰아넣은 듯한 죄책감에 빠지고 말았죠. 작곡가 손목인이 고복수를 옆에서 위로하며, "세상을 떠난 그녀에게 가수가 해줄 수 있는 것은 성심성의껏 〈타향살이〉를 부르는 것"이라고 달랬다고 합니다.

〈눈물 젖은 두만강〉에도 어느 여성과 얽힌 사연이 전해져 내려오죠. 작곡가 이시우(1913~1975)는 신파극단 '예원좌(藝苑座)' 소속으로 만주의 투

먼에서 공연을 마치고 두만강 부근 어느 여관에 머물고 있었어요. 두만강은 일제 강점기 때 '삶의 고통을 이기지 못하고 도망치듯 고국을 떠나는 사람들의 피눈물이 흐르는 강'이라 해서 '도망강'이라 불리기도 했던 곳이죠. 그날 밤, 그는 어떤 여인의 처절한 통곡을 들었다고 해요. 이시우는 이튿날 그 통곡의 사연을 물었고, 여관집 주인으로부터 독립군으로 떠난 여인의 남편이 불과 1년 전 일본군 수비대의 총탄에 맞고 세상을 떠난 내력을 전해 들었습니다. 이 사연을 조선족 시인 한명천(韓鳴川)에게 들려주었더니 즉석에서 가사 1절이 나왔고 여기에 이시우가 두만강 물소리를 들으면서 작곡한 곡이 바로 〈눈물 젖은 두만강〉이라는 이야기입니다.

그리고 며칠 후 예원좌 무대 공연에서 이 노래를 불렀더니 관중의 반응이 폭발적이었어요. 순회공연 후 이시우는 가수 김정구(1916~1998 · 당시 뉴코리아레코드사 소속)를 찾아가 이 노래의 취입을 제의했고 김정구는 흔쾌히 받아들였다고 하죠.

당시 한명천이 쓴 가사는 1절뿐이었는데, 작사가 김용호(1908~1967)가 여기에 2절과 3절 가사를 새로 붙이고 전체의 균형을 조화롭게 다듬어서 지금 전해지는 가사가 되었습니다.[5]

---

5   참고: 이동순,《한국 근대가수 열전》

철도에 비친 한국인의 모습

이렇게 두만강도, 뱃사공도 있지만 〈정한의 밤차〉처럼 철도를 소재로 한 노래가 단연 많아요. 철도가 한국인의 한을 많이도 담고 다녔다는 이야기죠. 코레일의 전신인 철도청이 지난 1995년, 철도 1세기를 기념하여 《철도 100년 가요집》을 낸 일이 있어요. 동요, 가요 등 모두 76 곡이 담긴 노래집에는 "기찻길 옆 오막살이, 아기아기 잘도 잔다. 칙칙폭폭…."으로 시작하는 동요 〈기찻길 옆〉을 비롯해 〈대전 블루스〉, 〈이별의 부산 정거장〉, 〈고향역〉, 〈비 내리는 호남선〉 등 '애환이 서린 흘러간 옛 노래'들과 〈남행열차〉, 〈차표 한 장〉 등 비교적 당대의 가요까지 두루 실려 있습니다.

이 책에는 최남선(1890~1957)이 구한말인 1908년 지은 〈경부 철도가〉가 들어 있어요. 철도를 다루는 가장 오래된 곡으로 꼽혀요. "우렁차게 토하는 기적소리에 남대문을 등지고 떠나가서 빨리 부는 바람의 형세 같으니…."로 시작합니다. 여기에서 철도는 우리나라의 근대화를 상징하는 대표적 이기(利器)죠.

그러나 최남선의 기대와는 다르게, 한국인의 정서 속에서 그 철길은 응어리진 한(恨)의 길이 되었습니다. 채록된 노래를 보면 그것이 느껴져요. 한국에 철도를 처음 부설(敷設)하던 시절, 남도에서 형성된 〈아리랑〉에 다음과 같은 대목이 있어요.

철도십장 방망이에 / 멍들었나 저 처자야

네가 무슨 십장이라고 / 열두 첩을 채우려나.

경인선에 이어 경부선 철도 공사는 일본인들이 일을 맡아 했는데, 일꾼 관리자인 십장(什長)쯤만 되어도 그 횡포가 대단했다고 합니다.

개화기 경상도에는 '철길 베개 비러 가세 / 철길 베개 비러 가세' 하는 〈철침가(鐵枕歌)〉가 유행한 적이 있었어요. 이토 히로부미(伊藤博文)가 영친왕을 업고 경부선 철길을 타고 일본으로 납치해 간다는 소문이 파다하자, 이 세자 도둑질을 막고자 철길 베개 운동이 벌어졌다고 해요. 서원의 유생을 비롯해 안부인들까지도 손에 손을 잡고 이 노래를 부르며 인근 철길을 찾아가 철로를 베개 삼아 눕곤 했던 것입니다.

한편 민요 〈신고산 타령〉 속에는 철도 때문에 헤어지는 가족의 애수가 담겨 있어요. 여기서 기동차(汽動車)는 기차를 말합니다.

신고산이 우르르 기동차 가는 소리에 / 구고산 큰 애기 반의 봇짐만 싸누나

신고산이 우르르 기동차 가는 소리에 / 지원병 보낸 어머니 가슴만 쥐어뜯고요

어랑어랑 어허야

한을 푸는 방식을 배우다

그런데 요즘 기차, KTX나 SRT, ITX-새마을호는 너무 쏜살같이 달려요. 완행열차도 있어야 합니다. 비 내리는 기찻길을 느리게 달리는 완행열차…. 요즘은 그 기차의 정서가 다 사라지고 빠른 이동 수단으로만 남았어요. 유행가 가락처럼 '비 내리는 호남선 완행열차에~' 하는 슬픔, 한과 함께 살았던 사람들이 이제는 그 한을 잊고 있어요. 한국인은 원수를 갚는 것이 아니라 한을 푸는 민족입니다.

예를 들어 내가 너무 가난해서 대학에 못 가게 생겼어요. 그게 너무 마음에 한이 되는데, 알고 보니 어린 시절 어떤 사람한테 우리 집 땅을 빼앗겼고, 그래서 가난해진 거였어요. 그래서 커서 그 사람을 막 겁박하거나 심하게는 죽이거나 해서 복수에 성공하면 어떨까요. 원수는 갚았어요. 그런데 그렇게 한다고 해서 내가 대학에 가게 됩니까? 아니잖아요. 나를 대학에 못 가게 만들었다고 그 사람을 나쁘게 대하는 건 그저 단순한 화풀이밖에 안 됩니다. 한 맺힌 근본은 내 안에 덩그러니 남아 있는 거예요.

그런데 그 사람이 어떻게 살거나 말거나 내가 열심히 방법을 궁리해서 대학에 간다면 어떨까요. 그러면 원수는 못 갚아요. 하지만 한은 풀려요.

사람의 한을 푼다는 것이 어느 사람을 죽인다는 의미가 아니듯, 우리 민족의 한, 분단의 한, 역사의 한을 푼다는 것은 중국과 싸워 이기고 일본과 싸워 이기고, 그런 것이 아닙니다. 그렇게 복수했다고 한들 우리의 한은 그대로 남아요.

기무라 에이분이 나를 만나고, 그다음으로 초기 한류(韓流) 붐을 일으킨 이미자를 만나고, 마지막으로 만난 사람이 제암리 사건 때 살아남은 할머니였어요.

그때의 사건에 대해 묻자, 할머니는 이렇게 대답해요.

"그때 많은 사람이 죽었지만 나는 거의 잊어버렸어. 이제 생각도 안 나. 한밤중에 가끔 생각이 나긴 해요. 그러나 다 지난 일 아닙니까. 성경에도 있어요. 용서하라고."

그리고 다큐멘터리의 마지막 장면은 그 할머니의 뒷모습이에요. 뒷짐 지고, 시골의 호젓한 오솔길을 걸어가는 뒷모습은 당당했어요. 입 밖으로 내어 말하지 않아도 그 뒷모습이 이렇게 말하는 거죠.

'모든 것을 잃고 아들도 죽었지만 일곱 손자를 거느리고 사는 지금, 나는 괜찮아. 원수를 사랑하라고 성경에도 그랬어. 가끔 생각은 나지만 용서할 거야.'

그 뒷모습이 어떻게 가축처럼 도망가는 모습이겠어요? 그 뒷모습에서 쫓겨 가던 슬픔이 아니라 그 쫓김 속에서도 인간으로서 어떤 침략자보다 강한 한국인의 생명력을 본 겁니다.

한국인은 외세에 짓밟히고 권력자에게 시달리고 가난에 쪼들리며 살아왔으나 풀 줄을 알았기 때문에 그 고통과 그 서러움, 그 원한들을 바람에 띄우듯이 물로 씻어내듯이 한숨으로 풀고, 노래로 풀고, 어깨춤으로 풀어 버렸습니다.

그랬기에 이 민족은 사실상 누구에게도 지배를 당하지 않았으며 누구에게도 고통을 받지 않았어요. 풀어 버리는 능력이 있는 한 어떤 비극이나 어떤 고통도 한국인의 가슴을 찢어 못합니다. 아무리 무서운 독을 먹어도 해독제가 있으면 겁날 게 없잖아요. 한국인처럼 그 많은 독을 먹고 산 민족도 없지만 보세요. 우리는 이렇게 흥겨운 표정으로 살고 있지 않는가요? 다른 민족 같으면 전부 미쳐 죽었거나 자살해 버렸을 상황 속에서도 한국인들은 신명을 잃지 않았어요.

#　　　왜구에 쫓기며 노모를 업고 뛰다

　　　광해군 5년(1613)에 편찬된《동국신속삼강행실도(東國新續三綱行實圖)》에 수록된 〈김씨열체(金氏裂體)〉라는 그림을 본 적이 있나요? 곡산군 사람이자 박신간(朴信幹)의 부인인 김씨는 스무 살 때 임진왜란을 만나 그 어머니를 업고 피란을 가다 왜적을 만나 목숨을 잃었습니다.

왜구에게 쫓겨 도망가면서도 노부모를 업고 뛰었다고 해요. 지금 왜구가 쳐들어오고 내 목숨이 다급한 상황인데도, 걷지도 못하고 살날이 얼마 남지도 않은 부모를 버리지 않은 거예요. 그걸 보고 일본인들이 '우리는 전쟁이 났을 때 노부모를 업고 뛸 사람이 있을까' 하고 감탄한 거죠. 그래서 임진왜란 때 쳐들어왔던 장수들 중에 "야만인이 문화의 국가를 쳤구나, 나는 모든 걸 버리겠다" 하고 부하를 데리고 귀순해서 한국의 장군으로서 일본과 맞선 사람도 있어요. ▶김충선

수원 제암리 사건 때 스물여덟 명이 죽었어요. 그 교회에 없던 사람들도 찾아가서 죽여 30명이 죽어요.

그때 할머니가 정말 기가 막힌 말을 해요.

"사람은 죽여도 집은 태우지 마라."

놀라운 이야기지 않아요? 그런데 그 일본군은 사람도 죽이고 민가도 다 태웠어요. 그럼에도 그 할머니는 이렇게 이야기하는 거죠.

"나한테 묻지 마, 나는 다 잊어버렸어."

제암리는 기독교 교세가 아주 강한 곳이니까 당시 이 할머니도 기독교인이었을 거예요. 그러니까 이렇게 말하는 겁니다. 그분의 속마음까지 보태어 표현하면 이렇습니다.

〈김씨열체〉,《동국신속삼강행실도》

'예수도 원수를 사랑하라고 했어. 그러니 나는 너희를 용서할 거야. 슬프지
도 않아. 나한테는 손자가 있어. 씨가 있어. 너희가 씨를 말려? 어림도 없는
소리 하지 마. 내 아들은 죽었지만 나는 손자들 보는 재미로 살아. 가끔 생각
나지만 나는 더 이상 생각하지 않아.'

그러곤 의연하게 뒷짐 지고 사라지던, 기무라 에이분의 다큐 속 당당한 할머니의 뒷모습이 오래 기억에 남아요. 그 할머니, 한국의 여성들은 가축처럼 쫓겨 가지 않았어요. 인간의 모습 가운데서도 가장 아름답고 강한 사람으로 쫓겨 갔기에 그 씨, 그 손자들이 이젠 더는 쫓기지 않고 살 수 있게 된 것이죠.

김충선

《동국여지승람》(1481년 편찬 · 총 50권)의 충청도 괴산군 대목을 보면 그 고을에 사는 일본 귀화인들의 성씨(姓氏)가 이(李), 노(盧), 신(申), 점(占) 씨 등 12개에 이른다고 적고 있습니다. 여타 고을의 귀화인 수 역시 이와 비슷했을 가능성이 커요. 삼국시대 이전부터 일본인은 약탈을 일삼으며 자주 한반도를 침범해왔습니다. 이 과정에서 많은 해적들이 잡히거나 투항해 정착했을 수 있어요. 실록에 따르면 태조에서 태종에 이르는 동안 임금이 귀화 일인에게 내린 사성(賜姓 · 임금이 성씨를 내린다는 의미)이 평씨(平氏) 우씨(禹氏) 등씨(藤氏) 박씨(朴氏) 임씨(林氏) 오씨(吳氏) 등이었다고 해요.

임진왜란 때 노부모를 업고 도망가는 조선 사람을 본 후 조선으로 귀화한 일본인의 이름은 모하당(慕夏堂) 김충선(金忠善 · 1571~1642)입니다. 그의 문집《모하당집(慕夏堂集)》에 따르면 본명은 사야가(沙也可)로, 왜장 가토 기요마사(加藤淸正) 휘

하에서 3000 병력을 이끌고 건너왔다고 해요. 당시 경상병사 박진(朴晉)에게 투항한 다음 왜적을 물리치는 데 기발한 훈공을 많이 세웠고, 그 공으로 권율(權慄) 장군의 상신에 의해 임금이 '김충선'이란 이름과 벼슬을 내렸어요. 그래서 '우록 김씨'(훗날 '김해 김씨'를 사성 받음)의 시조가 되었습니다.

그는 조총과 화약 제조법을 전수하고 정유재란이 일자 직접 왜군에 점령된 18개 성(城)을 되찾는 혁혁한 전공을 남겼습니다. 이후 대구 달성(達城) 녹동(鹿洞)에 은거해 지내다 72세에 사망했는데, 이순신(李舜臣·1545~1598) 장군이 항일의 표상이라면, 김충선은 한일 우호의 상징이라고 할 수 있어요.

모하당의 뜻을 기리고 한일 양국의 우호 교류를 위해 지금도 일본인 관광객들과 수학여행단이 대구 달성을 찾고 있습니다.

가난해도 그것은 아니다

6·25 전쟁 당시의 피난민 가운데 김광명(金光明·한양대 의대 명예교수) 씨의 육성을 들은 적이 있어요. 한국 근대문학의 개척자인 김동인의 아들 되는 분인데요. 이분이 신경외과 의사라는 직업을 택한 이유는 말년의 아버지가 앓던 중풍과 관련이 있다고 하지요. 6·25가 터지자 가족이 아버지 김동인을 업고 피란을 갔어요. 왕십리에서 응봉동 고개를 넘어 한강까지 가서 밤을 꼬박 새워 줄을 섰습니다. 이튿날 아침 나룻배를

타려고요. 놀랍지 않아요? 인민군이 탱크를 앞세워 밀려드는데 나룻배를 타려고 밤새 줄을 섰다고 하니까요. 다행히 나룻배에 가족 모두가 올랐는데 아버지 김동인은 몸을 가눌 수가 없었대요. 할 수 없이 가족 모두가 집으로 돌아갔다고 합니다. 이듬해 다시 1·4후퇴 때 피란을 갔어요. 김광명의 증언은 이랬어요.

> "신당동, 약수동을 거쳐 한남동 쪽을 향하다 보니 피란민 수가 상당히 많았어요. 길 양쪽으로 국군이 새끼줄을 쳐놓아 새끼줄을 넘어 흑석동(김동인의 딸이 출가한 집)으로 갈 수도 없었고 밀려드는 인파 탓에 뒤돌아 서울로 되돌아갈 수 있는 상황도 안 됐어요. 그렇게 새끼줄 안쪽에서 걸어 첫날 도착한 곳이 경기도 수원이었습니다."

새끼줄이 있어 하루 만에 경기도 수원까지 피란 갈 수 있었던 겁니다.
이 일화를 떠올릴 때마다 나는 미 국무성에 보관되어 있다는 한 장의 사진을 아울러 떠올리곤 해요.
세상 어느 나라, 어느 전쟁에서 피란민이 이렇게 질서 정연하게 가는 거 본 적 있어요? 옆의 군대는 전장을 찾아 북상하는 유엔 군대고, 그 옆은 길을 막지 않으려고 리더도 없는 피란민이, 무거운 짐을 머리에 이고 손에 들고 일렬로 질서 정연하게 남쪽으로 내려가고 있는 거예요. 이건 쫓기는 모습이 아니에요.

6·25 당시 줄지어 북상하는 유엔군과 남하하는 피란민의 모습

세상에 이런 모습이 어디 있어요? 프랑스 같은 나라에서도 서로 도망가
느라 길을 막아서 군대가 전장에 투입되지 못하고 그랬어요. 탱크가 가는
길 앞을 피란민이 막아서 아수라장이 된 거죠.
하지만 6·25 때 이 기적 같은 사진 한 장에 전 세계 사람들이 놀랍니다.

'한국인이 대단한 민족이구나!' 감탄했죠. 저 피란민 무리에 무슨 리더가 있었겠어요. 남편 잃고 자식 잃은 여자들이 대부분인데, 모두 경황이 없을 텐데, 젖먹이 아이를 등에 업고, 짐 보퉁이는 머리에 이고, 정처도 없어요. 그저 살려고 남쪽으로 갈 뿐, 기다리는 사람도 반기는 사람도 없는 길을 떠나는 사람들이 질서 정연하고 의연한 거예요.

당시를 떠올려 봐요. 한강 다리는 이미 폭파되어 건널 수 없잖아요. 나룻배 하나를 얻어 타고 겨우 한강을 건너 걷기 시작한 겁니다. 서로가 이 살육의 전쟁을 겪으며 어떻게 살아갈지 막막했겠지만 그렇게 걸어갔던 겁니다. 긴긴 여름 해를 따라 저녁에는 모닥불 옆에 누워 자기도 하며 걸어갔던 거예요. ▶한강대교 폭파사건

이 사진 한 장이 한국은 야만의 국가, 쫓겨 다니는 야만의 국가가 아니라고 알려준 거죠. 서구 사람들, 아프리카와 아시아의 유색인종들을 동물 취급하지 사람 취급을 했어요? 노예로 만들어 짐승처럼 부리고. 그러나 그게 아니라는 거죠.

'가난해도 그것은 아니다! 봐라, 짐승이 언제 산불 날 때 이렇게 일렬로 가는 걸 봤냐?'

이게 바로 한국인의 뒷모습인 겁니다.

한강대교 폭파 사건
1950년 6월 28일 새벽 서울의 남과 북을 잇는 유일한 통로였던 한강대교가 폭

파되었습니다. 많게는 800명, 적게는 200여 명이 사망했을 것이라고 추정됩니다. 다리가 끊어지는 바람에 서울 방어에 참가했던 국군(당시 3개 사단이 참여)의 퇴로가 끊겼고 피란민(당시 서울시민은 140만 명)들의 발도 묶이고 말았습니다.

유재흥 준장 지휘하의 제7사단은 겨우 1500여 명과 기관총 4정밖에 한강 이남으로 넘겨오지 못했다고 해요. 또 중서부지구 전투부대 대부분이 중화기를 한강교 폭파로 한수(漢水) 이북에 던져두고 남으로 떠나야만 했다고 합니다.

그러나 정확한 사망자 수와 피해 규모에 대한 학술조사와 연구는 전쟁이 끝나고 지금까지도 본격적으로 이뤄지지 않았어요.

이승만 정부는 6 · 25 전쟁 내내, 그리고 이후에도 '조기(早期) 폭파'에 대한 비난을 감수해야 했어요. 그것은 부모와 형제, 제 터전을 잃은 피란민의 절규였어요. 피란 못 간 많은 이들 중 다수가 죽거나 납북될 수밖에 없었습니다.

한강교 폭파로 인명 및 장비 피해가 있었지만, 미군이 참전하지 않은 상황에서 국가적 위기를 타개할 마지막 선택이었다는 견해도 있습니다. 전쟁은 불확실성이 지배하는 영역입니다. 북한군 전차가 서울 시내로 들어온 2시간 뒤에 한강 다리를 폭파한다는 것도 어떻게 보면 늦을지도 모르는 일이죠.

지난 2011년 납북(拉北)된 제헌 국회의원 12명의 자녀와 손자 · 손녀 22명이 국가를 상대로 손해배상청구소송을 제기했습니다. 그 자손들은 서울과 경기 고양 · 남양주 · 부천, 부산, 대구, 경북 고령 · 구미, 광주, 미국 캘리포니아 등지에 살고 있어요.

이들은 "'제헌의원 자손'이란 자부심 대신 '납북자 가족'이란 상처(傷處)를 안고 살아야 했다"고 주장했습니다. 이 소송은 2년에 걸쳐 논란을 벌이다 지난 2013년 5월 9일 판결이 났어요.

재판을 담당했던 서울중앙지법 민사합의10부 고영구 부장판사는 원고들의 청구를 모두 기각하며 패소 판결을 내렸습니다. 다음은 판결문 일부입니다.

6월 27일 정부, 국군 및 의회 사이에서 서울을 사수할 것인지에 관하여 논의를 하였으나 통일된 결론을 내리지 못한 상태에서 인민군 전차가 미아리 방어선을 뚫고 서울 시내로 진입하자, (중략) 피고가 6월 27일 서울시민의 동요를 방지하기 위해 전세를 거짓으로 알린 것이나, 28일 서울이 인민군에 의해 함락될 위기에 놓이자 한강인도교를 폭파한 것에 대하여 현재의 관점에서 다양한 역사적 평가가 가능하다고 하더라도, 원고들이 주장하는 사정들만으로 피고의 행위가 고의 또는 과실에 의한 위법행위로서 불법행위를 구성한다고 보기 어렵고, 이 사건과 제헌의원들의 납북 사이에 인과관계를 인정하기도 어려우므로, 피고가 이 사건 제헌의원들의 납북에 대하여 민법상의 불법행위 책임을 부담한다고 보기 어렵다.

3부 | 가장 약하기에 가장 강한 것

한국인들이 자랑스러운 이유

한국이 외세의 침략에 쫓겨 가면서도 의연하게 길을 걸어갔던 할머니의 뒷모습,

그걸 내가 《흙 속에 저 바람 속에》(1963)를 쓰고도 한 10년 뒤에 알게 되었어요.

그 앎이 《생명 자본주의》(2014)로 이어졌던 것이고요.

'한국인, 참 지지리도 못났다. 오죽했으면 중국 한번 쳐들어가지 못하고

원나라에, 청나라에 시달렸을까? 허구한 날, 왜구에게 시달리고,

어쩜 이리 지지리도 못났나' 했는데,

광복 후 70여 년 동안 그게 아니라는 걸 깨닫게 되었어요.

서구의 모델을 가지고 이룩한 부(富)에 흙의 마음,

그 흙을 깨달으면 서양 사람이 못해낸 것,

우리 조상이 이룩하지 못한 것까지 할 수 있다는 걸 알게 되었어요.

그렇다고 내 민족만 앞세우자는 건 아니에요.

"난 흙을 떠나선 살 수 없으니 우리나라에 붙박이로 남아야 해!"라고 말하는 것도

아닙니다.

흙의 마음이 글로벌해져야죠. 여러분들이 도시에 살든 어촌에 살든,

사는 곳이 어디라 해도 흙, 그 생명의 의미를 알아야 합니다.

1장　부정에서 찾은 우리의 영원

\#　기미가요

　　남의 나라, 특히 우리와 가까운 일본의 국가(國歌)와 우리 국가를 한 번 비교해 봅시다.

일본에서도 〈기미가요(君が代 · きみがよ · 군주의 치세)〉를 막 부르지 못합니다.

"19세기에 〈기미가요〉를 불러가면서 아시아를 침략했으니 부르지 말자, 일장기를 걸지 말자!"

우리를 비롯한 아시아에서 그렇게 요구하는 게 아니라 일본 내부에서 나오는 목소리예요. 사실 〈기미가요〉라는 건 일본의 고전 단가 모음집인 《만엽집》에 나오는 그냥 사랑 노래인데 그걸 천황을 받드는 노래로 만든 거예요. '기미(君, きみ)'라는 건 그냥 사랑하는 그대를 얘기하는 건데 거기에 천황을 빗댄 거죠.

君が代は	님의 치세는
千代に八千代に	1000대에 8000대에
細石の	작은 조약돌이
巌となりて	큰 바위가 되어
苔の生すまで	이끼가 낄 때까지

님이 다스리는 이 치세가, 또는 님이 살고 있는 이 시대가 한 대(代)만 돼서는 안 된다, 1000대 아니 8000대까지 가라(千代に 八千代に)는, 영원히 이어지라는 말이죠. 영원함이라는 테마는 우리의 '동해물과 백두산이 마르고 닳도록'과 같아요.

한 대를 30년으로 보면 1000대만 해도 3만 년, 그게 8000대쯤 되면 너무 길고 지겨울 것 같지 않나요. 그런데 그다음 가사는 더 기가 막힙니다. '흙도 아니고 돌멩이가 바위가 될 때까지' '다시 그 바위에 이끼가 끼도록 영원하옵소서'라고 노래합니다.

이게 과학적으로 맞는 얘기예요? 돌이 바위가 될 수 있나요? 모래가 어떻게 바위가 되며, 설사 된다 한들 모래가 바위가 된 것만도 끔찍한데 그 바위에 이끼가 끼는 것까지 상상을 합니까. 비과학적이죠. 우리하고는 방향이 달라요. 우리는 산이 닳아 모래가 되어 없어지는데, 일본은 돌멩이를 바위로 만들어서 그때까지 영원하자고 하니까, 똑같은 영원이지만 우리처럼 부정적인 것을 전제로 한 영원이 아니라 긍정적인 것을 영원으로 했어요.

바로 침략(侵略)의 노래인 것이죠. 이만한 모래가 바위가 된다고 생각했으니 한국을 먹고 중국을 쳐들어가고, 작은 일본이 점점 크게 확장되는 거예요.

얼마 전만 해도 우리가 일본과 얼마나 가깝게 지냈어요. 그런데 자꾸 헌법을 뜯어고치겠다, 야스쿠니신사(靖國神社)에 참배를 간다고 하니까, 우리가 이렇게 말하며 일본을 경계하는 겁니다.

"아이고, 애들 또 돌멩이, 모래가 바위 되려고 하는구나. 그렇게 되면 우리가 억울하게 되겠구나."

지금 우리 살기도 바쁜데 왜 반일(反日)의 기치를 들겠어요? 2011년 쓰나미 왔을 때도 우리가 일본을 도와줬잖아요. "힘내라" 하면서 아이들이 저금통 깨서 성금 모아 보내고 했잖아요. 글쎄 이런 좋은 이웃으로, 그냥 모래로 살지 그걸 바위로 만들겠다고 야단들이에요, 지금.

한국과 일본이 공생하는 길

[엮은이의 말] 이어령 선생은 한국과 일본 문화의 원형을 끊임없

이 탐색하였습니다. 한일(韓日) 문화의 동질성과 이질성을 들여다보고 새로운 문화시대를 열어야 한다고 늘 강조했습니다. 특히 일본이 무권정치를 버릴 때 양국 간 아름다운 문화교류의 시대를 열 수 있다고 보았습니다. 다음은 이어령 선생이 1992년 6월과 7월에 열린 '한국문화통신사' 행사에서의 연설을 요약해 소개합니다. 당시 선생의 연설은 반향이 컸습니다.

"이 세상에는 통상(通商)과 통신(通信)이 있다.

일본은 무력주의로 한국에 들어왔다. 무권정치가 문민정치로 처음 변한 것은 임진왜란 때 포로로 일본에 끌려간 강항(姜沆 · 1567~1618)이 후지와라 세이카(藤原惺窩)에게 유학(주자학)을 가르치면서다. 당시의 일본은 무력이 강한 자가 '나'를 빼앗는 일이 반복되고 있었다. 이런 상황을 종식시키고 문화주의로 통치할 수 없는가 하는 반성을 하게 만들었다. 문화라는 것은 문치(文治), 즉 문(文)으로 치(治)하여 덕(德)으로 교화한다는 뜻이다. 칼을 쓰지 않아도 질서를 지킬 수 있다는 것이 사람과 사람의 윤리다. 그 결과, 도쿠가와 시대 때 무력주의에서 문화주의로 바뀌게 되었다. 그리고 이 문화주의를 위해서 일본에 온 것이 한국의 통신사다. 500명이 1년간 일본에 체재하면서 주자학에 관해서 토론하거나 해서 일본에 처음으로 문화주의가 들어온 것이다. 당시 일본에는 8만 정의 총포가 있었다. 유럽의 총포를 모두 합해도 일본의 그것보다 적었다. 프랑스의 최정예부대도 1만 5000정밖에 갖고 있지 않왔다.

이처럼 중무장한 일본이지만 에도시대에 모두 총포를 버렸다. 무슨 까닭에 그랬는가? 사람이 정말로 사람답게 산다는 것은 무력주의가 아닌 참다운 방법, 즉 문화주의가 있다는 것을 알게 되었다. 이것이 바로 서로의 신의가 통하는 것이다. 일본이 통상밖에 생각 못했을 때 통신이라는 것을 알게 되었다.

통신이란 무엇인가? 마음의 교류, 가치관의 교류, 문화의 교류다. 물건을 팔거나 가져오는 무역이 아니라 가치관과 인간답게 아름답게 사는 것을 공유하고 공생하는 문화를 무역하는 것, 이것이 통신이다. 500명의 통신사가 일본에 와서 시를 읊으며 미술을 이야기한 예는 세계의 어디를 봐도 없다. 훌륭한 통신의 모델을 가지고 있으면서도 양국은 이것을 살리지 못했다. 일본은 전쟁의 잿더미 속에서 통상을 통해 부유한 일본을 구축했다. 그러나 통신을 안 했다. 세계에 누구와 하지 않았다. 통상 다음에 통신이 와야 한다. 그러나 일본에는 통신성(通信省)이라는 것이 없다. 마음과 마음이 교류하는 세계의 문화와 교류하는 통신의 시대가 앞으로 올 것이다. 일본과 한국의 동질성과 이질성을 바탕으로 한 아름다운 문화교류의 시대 말이다. 그때를 위해 서로의 이질성에 대해서 편견을 가지지 말고 동질성 위에서 상대방의 이질성을 인정하면서 서로 좋은 자극을 주면서 발전해야 한다."

죽는 것이 먼저, 사는 것은 나중에

동해물과 백두산이 마르고 닳도록
하느님이 보우하사 우리나라 만세
무궁화 삼천리 화려강산
대한 사람 대한으로 길이 보전하세

우리가 무심코 부르지만 가사를 한번 보세요. "동해물과 백두산이 마르고 닳도록"이라니요? 동해물이 다 말라 없어지고 백두산이 다 닳아 없어지는 건 불가능한 일입니다. 그러니까 이건 영원(永遠)을 비유한 거죠. 그런데 그 영원이 행복한 영원이 아니라 고통스러운 영원이에요. 뭔가가 생성하고 커지고 하는 것이 아니라 마르고 마멸되는 부정적인 영원이죠. 본디 영원이라는 것은 꿈과 희망을 말할 때 쓰는 말이지만 실제로 행복할 때는 꿈과 희망을 말하지 않아요.

어느 나라든 관용구를 보면 사는 게 먼저고 죽는 것이 뒤에 오거든요. 그런데 우리는 거꾸로입니다. 죽는 게 앞서고 사는 게 뒤에 오죠. '죽기 아니면 살기'라고 하지 '살기 아니면 죽기'라고 하지 않잖아요. 무슨 일을 할 때도 '죽기 살기로 열심히 하라'고 하지 '살기 죽기로 열심히 하라'고 해요? '죽으나 사나'라고 하지 '사나 죽으나' 안 그러잖아요. 그런데 셰익스피어는 《햄릿》에서 이렇게 썼잖아요.

To be or not to be.

만약 연극할 때 대사를 "사느냐 죽느냐 그것이 문제로다." 이렇게 읊는 사람이 있다면 그 사람은 한국말을 모르는 사람이에요. 한국어로 번역할 때는 "죽느냐 사느냐 그것이 문제로다"라고 해야 맞죠.

한국 사람들의 이런 관용구를 가만히 보세요. 앞에 좋은 게 오고 뒤에 나쁜 게 오면 결론은 뭐가 되겠어요? 나쁜 거죠. 그런데 앞에 나쁜 게 오고 뒤에 좋은 게 오면 죽음에서 삶으로 오는 게 되잖아요. 삶이 오고 죽음이 오는 것보다는 죽음 뒤에 삶이 오는 것이 좋지요. 한국 사람들은 참 현실적인 사람들이에요.

서양 사람들은 'Trial and Error', 즉 시행착오(試行錯誤)라는 말을 써 왔는데, 요새는 심리학자들이 이걸 '착오시행'으로 바꾸자고 해요. 시행(試行)하고 착오(錯誤)했다면 그것은 네거티브예요. 착오로 끝났을 뿐 아무것도 얻지 못했으니까요. ▶시행착오로 배우다

'동해물과 백두산이 마르고 닳도록'도 사실 아무 생각 없이 보면 지지리도 못난 말이잖아요. 영원에 빗댈 말이 얼마나 많아요. 그것들을 다 버려두고 동해물이 마르고 백두산이 닳아 없어질 때까지 영원하려면 그 영원이 얼마나 힘들고 고되겠어요. 그런데 그게 현실이에요.

영원이라는 건 없어요. 또 동해물이 마르고 백두산이 닳아 없어지는 건

몇억 겁[億千萬劫]이 지나도 불가능해요. 냇물이 마르고 뒷동산이 없어지는 건 가능해요. 그러나 동해물과 백두산은 안 되죠. 불가능한 영원을 현실적인 불가능으로 만들어버린 거예요.

시행착오로 배우다

'시행착오 학습'은 미국의 심리학자 손다이크(Edward L. Thorndike · 1874~1949)에 의해 처음 학문적 성과를 보았습니다. 그는 우리 안에 고양이를 가두고 고양이의 반응을 유도했습니다. 이 과정에서 고양이가 우연히 우리 중간에 있는 지렛대를 누르거나 천장에서 내려와 있는 줄을 당기면 우리에서 벗어날 수 있도록 했어요. 고양이가 문제를 해결하려고 시도한 횟수와 이에 따른 소요 시간을 분석했는데, 문제 해결에 걸린 시간은 시도 횟수가 증가함에 따라 경향적으로 감소했습니다. 손다이크는 이러한 사실을 통해 3가지 결론에 이르렀죠.

첫째, 학습은 점증적으로 이루어진다. 학습은 단번에 이루어지는 것이 아니라, 시도하는 횟수에 따라서 문제 해결에 소요되는 시간이 감소할 뿐입니다.

둘째, 학습은 기계적으로 일어난다. 시행착오를 통해 성공적이었던 반응은 점차 증가하게 되고 실패했던 반응은 점차 줄어들었어요. 이는 연합(Connection), 즉 학습이 기계적으로 형성되며 의식적인 지각은 필요치 않다고 보았습니다.

셋째, 연습의 법칙(Law of Exercise). 자극과 반응의 반복적 경험이 정확한 반응의 가능성을 증가시킨다고 보았습니다. 그러나 그는 훗날 이 법칙을 단념했어요. 왜

나하면 실험 참가자들에게 눈가리개를 한 채 선 긋기를 시켰는데, 반복적으로 연습을 해도 그리도록 한 선의 길이만큼 참가자들이 선을 긋지는 못하는 것이었습니다. 손다이크는 연습의 법칙을 포기하는 대신 '준비도의 법칙(Law of Readiness)'을 제안했어요.

어떤 행동을 할 준비가 되어 있을 때 그 행동을 하면 만족스러운 결과를 얻어 학습이 강화된다는 법칙을 말합니다. 예를 들어 축구 시합을 앞두고 충분히 몸을 풀었을 때 만족스런 결과를 얻는다는 겁니다. 그도 그럴 것이 준비가 부족한 상황에서 시합에 참여하면 엉뚱한 실수를 하거나 부상을 당할 수도 있으니까요.

손다이크는 '효과의 법칙(Law of Effect)'도 고안했습니다. 만족스러운 보상은 학습을 강화시키고 반면, 처벌은 학습과 아무런 관련이 없다고 보았어요. 학생들에게 영어 단어학습을 시켰을 때 적절한 보상은 좋은 학습 결과를 낳았으나 처벌은 학생들의 오답률을 줄이지 못했고, 학생의 행동을 변화시키는 데도 효과적이지 못했다는 것입니다.

그날이 오면

그래서 나는 심훈(沈熏 · 1901~1936) 선생의 〈그날이 오면〉을 보면 참 가슴이 아파요. 해방의 그날이 얼마나 기쁜 날입니까. 떡도 해 먹

고 막 춤도 추고 그래야 하는데 글쎄 머리로 인경(人磬)을 들이받아 피가
흐르고 몸의 가죽을 벗겨서 북을 만들어 치고 싶다니요. 인경은 조선 시
대에 통행금지를 알리거나 해제하기 위하여 치던 종을 뜻합니다. 세상에
왜 그 기쁜 날에 머리를 들이받고 자기 가죽을 벗긴답니까?

> 그날이 오면 그날이 오며는
> 삼각산이 일어나 더덩실 춤이라도 추고
> 한강물이 뒤집혀 용솟음칠 그날이
> 이 목숨이 끊치기 전에 와 주기만 하량이면
> 나는 밤하늘에 날으는 까마귀와 같이
> 종로의 인경을 머리로 들이받아 울리오리다.
> 두개골은 깨어져 산산조각이 나도
> 기뻐서 죽사오매 오히려 무슨 한이 남으오리까.
> ― 심훈, 〈그날이 오면〉 1절

그걸 겪어보지 않은 사람은 몰라요. 그 기쁜 날은 기쁨으로써 더 많은 것
을 원하지도 않게 되는 그런 날인 거예요. 그 지독한 고통 속에서 설마 그
날이 오랴. 그날이 오면 나 죽어도 좋다는 말인 거죠. 한국 사람이 죽음을
함부로 생각해서 죽음을 쓰는 것이 아니라 "죽어도 좋아, 이 세상에는 죽
음보다도 강한 게 있어"라는 말을 하는 겁니다.

"내가 살을 찢어서 북을 만들어도 신나는 게 있어, 그게 그날이야."
이렇게 해석해야 옳아요. "세상에 그날이 왔으면 살아야지 왜 굳이 사람 가죽을 벗겨가지고 북을 만들어 친다니. 아이고 끔찍해라. 이런 매저키스트가 어딨냐"고 말하는 건 하나만 알고 둘은 모르는 거예요.
여자들이 가장 사랑할 때 역설적으로 "죽고 싶어"라고 말해요. "오빠, 나 죽고 싶어" 그러는 건 그 오빠를 그만큼 크게 사랑한다는 얘기예요. 내 마음을 강조하기 위한 최상의 말이 죽음이에요. 우리가 또 뭔가를 절대로 반대할 때 흔히 쓰는 관용구로 "내 눈에 흙이 들어가도"라는 말도 쓰이잖아요. 눈에 흙이 들어간다는 게 바로 죽음을 뜻합니다.

　　　부정에서 희망을 찾다

우리 〈애국가〉 가사 "동해물과 백두산이 마르고 닳도록"이라는 부정적 영원의 이미지가 어느 날 갑자기 그냥 생긴 것이 아니라 고려 때부터 똑같은 발상의 노래가 있어요.
조선 초기에 구전(口傳)되던 고려가요들을 모아 한글로 기록한 책 《악장가사(樂章歌詞)》, 《악학궤범(樂學軌範)》, 《시용향악보(時用鄕樂譜)》 등에 실린 고려가요 〈정석가(鄭石歌)〉의 가사에 보면 이런 구절이 있습니다.

삭삭기 셰몰애 별혜

구은 밤 닷 되를 심고이다.

그 바미 우미 도다 삭나거시아

유덕(有德)ᄒᆞ신 님을 여ᄒᆡ오와지이다

사각사각 가는 모래 벼랑에

구운 밤 닷 되를 심습니다.

그 밤이 움이 돋아 싹이 돋아나야만

유덕하신 임을 이별하고 싶습니다.

아주 가느다란 모래가 있는 벼랑에, 그냥 밤도 아니고 구운 밤 다섯 되를 심어 놓고, 그 밤이 움이 돋아 싹이 나면 님과 이별하겠다는 말이니까, 절대 헤어지지 않겠단 이야기지요. 흙이 아닌 모래, 그것도 벼랑에 있는 모래니까 습기가 하나도 없어요. 제대로 된 씨를 심어도 싹이 트지 못할 그곳에 구운 밤을 갖다 심는다는 건 부정적인 가정(假定)이죠.

밤을 모래에 심어도 싹이 나지 않을 것인데, 불에 구운 밤을, 그것도 물기가 전혀 없는 모래밭에 심는다고 말합니다. 2중 3중의 절대로 불가능한 사실을 전제로 삼고 있는 가정법입니다.

한국인의 표현방식엔 그런 것이 참 많아요. "병풍(屛風)에 그린 닭이 홰를 치고 우는 한이 있더라도"(계용묵, 〈병풍에 그린 닭이〉, 1939)라는 말이 그렇고, 굳이 다른 예를 들 필요도 없이 "동해물과 백두산이 마르고 닳도록…"의 표현만 해도 그렇죠. 〈정석가〉처럼 불가능한 가정을 전제로 삼아 영원성을 나타내는 이런 표현법은 애국가의 원형이라 할 수 있어요.

시조에도 그런 표현법이 많아요. "오리의 짧은 다리가 학의 다리가 될 때까지, 검은 까마귀가 흰 해오라기가 될 때까지 영원히 장수하라"는 것들이 모두 그런 유형에 속합니다. 결국 이런 표현법은 유한한 생 속에서 영원을 꿈꾸는 한국인의 염원을 나타낸 것으로 볼 수 있어요. 영원이 성장하고 풍성해지고 기름져 가는 것으로 되어 있지 않고, 같은 영원이라도 그와는 반대로 마멸하고 소멸하며 사그라져 가는 이미지죠.

욕심이 크지 않았던 민족

       일본의 국가는 '작은 모래가 바위가 되고, 그것에 이끼가 낄 때까지 영원해 달라'는 축도인데, 우리 애국가는 '동해물과 백두산이 마르고 닳도록 영원을 누리자'는 것입니다.

한쪽은 모래알이 바위가 되는 침략과 팽창주의의 꿈이고, 한쪽은 수난과 증발되는 생을 참고 견디는 영원의 꿈입니다. 절대로 식물이 싹이 나지 않는 불모(不毛)의 천년이요, 만년입니다.

일본 국가처럼 모래알이 바위가 되는 발상이라면, 아마 밤을 기름진 밭에 심어 그 나무가 구름 위에까지 오르고 거기에서 황금이 열릴 때까지 유덕하신 임과 영원하자고 했을 것입니다. 아마도 고려 이후 수많은 외침 속에서 고난을 겪었기 때문에, 그러한 역사의 가혹성이 무의식적으로 반영된 것이라 풀이할 수 있어요. 영원을 꿈꾸는 기도의 세계에서마저 우리는 역사의 강박관념에서 사로잡혀 있었던 것 같아요.

같은 노래에 또 이런 구절이 있습니다.

> 므쇠로 한쇼를 디여다가
> 텰슈산(鐵樹山)에 노호이다.
> 그 쇠 텰초(鐵草)를 머거아
> 유덕(有德)ᄒ신 님을 여히ᄋ와지이다.'

> 무쇠로 큰 소를 만들어다가
> 쇠로 된 나무가 있는 산에 놓습니다.
> 그 소가 쇠로 된 풀을 먹어야
> 유덕하신 임을 이별하고 싶습니다.

철로 된 나무가 있는 산에 무쇠로 만든 큰 소를 놓아서, 그 소가 철로 된 풀을 먹을 때까지 영원하자는 겁니다. 이 〈정석가〉와 〈서경별곡〉에 공통으로 들어가 있는 후렴구가 "구스리 바회예 디신ᄃᆞᆯ 긴힌ᄃᆞᆫ 그츠리잇가"인데, 풀이하자면 이렇습니다.

구슬이 바위에 떨어져서 깨어질 수는 있어도, 그 구슬을 엮어 놓은 끈이야
끊어질 리가 있겠습니까.

사실, 무엇인가를 땅에 심는다는 것은 농경민의 생활에서는 가장 기본적
인 희망의 상징입니다. 그런데 절대로 싹이 날 수 없는 군밤을 바삭바삭
한 모래밭에 심는다는 1연의 상상력은 그 스스로가 부정적인 비극을 지
니고 있어요. 그래서 노래 내용은 영원히 이별 없이 살자는 기도지만, 그
이면에는 영원히 함께 살아갈 수 없는 불안과 슬픔의 현실의식이 떠돌고
있어요.

두 번째 연도 마찬가지입니다. 옥으로 연꽃을 새겨 바위 위에 접을 붙여
서 그 꽃이 세 묶음(三同)이나 피거들랑 유덕하신 임과 이별하자는 것입
니다. 첫 연과 똑같은 모티브를 반복한 것이죠. 하지만 군밤은 아무리 구
운 것이라 해도 식물이에요. 반면 옥과 바위는 광석입니다. 옥으로 연꽃을
새긴 것이 진짜 꽃을 피우기도 어려운데, 더구나 그것을 연못이 아니라
바위 위에 심은 것이 꽃이 필 리 만무합니다. 같은 뜻이지만 1연의 군밤보
다 2연의 옥으로 새긴 연꽃이 한층 더 불가능을 강조하고 있어요.

3연째는 무쇠철이니까 더욱 그 이미지는 강력해집니다. '무쇠로 옷(天翼 ·
고관들이 입던 옷)을 마름질해 철사로 주름을 박고 그 옷이 다 헐어지면 유

덕하신 님을 이별하겠다'는 것입니다. 쇠 옷이 닳아 헐어진다는 것은 소모·마멸하는 영원성이에요. 백두산이 닳는다는 것과 같은 발상법이죠. 4연이 가장 환상적이고, 또 가장 불가능한 것으로 이별을 전제로 삼은 것이라 볼 수 있어요. 무쇠로 큰 소를 만들어 철수산(鐵樹山)에 방목하여, 그 소가 철초(鐵草)를 다 뜯어 먹거든 유덕하신 임과 헤어지자는 뜻으로 군밤이나 옥련이나 쇠 옷 보다 훨씬 허구적입니다.

쇠 옷까지만 해도 불가능하기는 하나 비현실은 아니었어요. 그러나 4연의 무쇠로 소를 만든다거나 철수산, 철초를 뜯긴다는 것은 비현실적이며 신화적인 세계입니다. 〈정석가〉는 동일 모티브를 4번 되풀이한 것이지만 반복할 때마다 그 불가능성은 절대적인 것으로 고조되고 상상력은 자꾸 확대되고 깊어져 갑니다. 절대로 이별하지 말자는 감정을, 그 서약을 한층 더 두껍게 쌓아 올라가는 것이죠. 〈정석가〉는 한국적 상상력의 피라미드라 할 수 있어요. 또는 이별을 막는 만리장성의 언어라고 할 수도 있습니다.

이게 우리나라의 부정을 앞세운, 죽음을 앞세운 희망과 생명이에요. 그러니까 한국 사람들은 끝없이 살아가는 이 세상 속에서 그다지 욕심을 부리지 않았어요. 옛날부터 그랬어요. 현실은 항상 죽음을 전제로 한 행복이죠. 죽음에서 벗어나는 걸 바라지도 않고요. 그렇게 욕심이 큰 민족이 아니었던 거죠.

폐 안 끼치고 이만큼 사는 나라

그래서 지금도 난 늘 이야기를 해요. 한국 사람이 자랑할 것이 별로 없다고요. 세계적으로 지금 우리보다 잘사는 나라들이 얼마나 많아요. 국민소득으로 따져도 잘 해봐야 우리는 세계 10위에서 13위를 왔다 갔다 하니까 우리보다 잘사는 나라들이 10개 나라도 넘는 거예요. 그 나라들보다 우리가 못살고, 노벨평화상 하나를 빼고는 학술 분야에서 노벨상을 탄 사람도 없잖아요. 그러나 우리는 남의 민족 눈에서 피눈물 나게 하고 그 가슴에 못질한 적도 없어요. 남을 침해하지 않은 민족 가운데 우리만큼 사는 민족이 있으면 나와 보라고 해라! 정말이에요.

프랑스 개선문(凱旋門), 다른 나라에서 전쟁을 벌이고 자랑스럽다고 만든 문이잖아요. 그러고 나서 콩고니 뭐니 아프리카 나라들을 다 식민지로 만들었어요. 일본은 제국주의 시절에 이웃 국가들을 모두 침탈하고 심지어 대만까지 먹었어요. 그 이웃들이 흘린 눈물이 얼마겠어요. 그러니까 지금 G7, G10 국가에 들어 있는 나라들은 전부 남의 가슴에 못질하고, 거기서 빼앗은 재산으로 지금 선진국 소리를 듣지, 우리처럼 당하고 찢기고 힘든 고개를 넘어가면서 어렵게, 어렵게 살면서 선진국이 된 나라는 없어요.

우리 지금 어때요? 한국에 스마트폰 안 든 사람이 있어요? 심지어 초등학교 아이들도 그걸 들고 다니니까 으레 그런가 보다 하지만 이게 보통 일이 아니에요. 외국에서는 최근까지만 해도 와이파이를 아이들이 쓰는 경우가 드물었어요. 이웃 일본만 해도 광케이블이 아니라 ISDN(종합정보통신망 · Intergrated Service Digital Network)을 썼고 말이죠. 우리는 20년 전부터 집집마다 광케이블이 안 들어가는 곳이 없었는데….

내가 지금 우리나라를 칭찬하고 자랑하자고 꺼낸 이야기가 아닙니다. 앞으로 가기 위해 뒤를 돌아볼 때 정말 광복 후 70여 년 동안 여기까지 우리가 제대로 왔느냐를 묻는 거지요. "우리가 하는 자랑이 진짜 자랑일까?" 이걸 묻는 겁니다.

우리가 지금 이만큼 살게 되었어요. 나이 많은 분들은 흔히 그러시죠. "아이고 좋은 세상 됐다, 우리 옛날 연탄불 피울 때는 말이지 가스 때문에 사람도 죽고 그랬어." 그러곤 자식들 향해 "애야, 좋은 세상 왔다"고요. 그러는데 정말 좋은 세상이 왔어요? 지금이 좋은 세상 맞아요?

지난 70여 년 동안 우리가 어떻게 지냈느냐 하는 건 자랑스러운 것이죠. 하지만 앞으로 70년을 다시 또 나아가려면 이대로는 안 돼요.

우리는 남을 정복하기는커녕, 우리 고향에서도 내쫓기던 민족이었어요. 그래도 남의 눈에 피눈물 안 나게, 남의 가슴에 못 안 박고 올바르게 살았기에 지금 이렇게 살아가고 있는 겁니다. 우리만큼, 아니 우리보다 더 잘사는 다른 사람들, 다른 민족들은 다 전과자들이에요. 어디 가서 이야기하면 바로 "너희 몇 년에, 몇 세기 때 우리에게 와서 착취했던 나쁜 사람들이야"라고 지탄받지만 우리는 그런 게 없잖아요.

1960년대 월남전 당시 파병 가서 좀 나쁜 짓을 하긴 했어요. 하지만 그것도 따지고 보면 우리가 한 게 아니죠. 우린 그때 워낙 못사니까, 돈을 받고 파병을 간 거예요. 사실은 눈물겨운 거지, 우리가 남을 침략한 게 아닙니다. 그래도 어쨌든 남의 나라에 쳐들어가서 남이 눈물 흘릴 일을 만든 건 월남전 정도고, 그걸 제외하면 우리는 남에게 못 할 짓 하지 않았어요. 지금까지 단 한 번도 그런 역사가 없습니다. 이런 민족이 드물어요.

남의 나라 침공해서 지배했던 사람들은 지금 다들 민족이 해체되고 없어졌어요. 중국의 55개 소수 민족 중 자기 조국을 가지고 있는, 자기 민족만의 독립된 국가를 가지고 있는 민족은 몽골족과 조선족밖에 없어요. 이건 대단한 거죠.

한국, 한국인의 디아스포라

이제부터는 우리 땅에서 쫓겨나간 사람들의 얘기를 할 텐데요. 한국인들이 언제, 어떻게 한국 바깥으로 나가 살게 되었는지 아세요? 크게 네 시기가 있어요. 첫 번째 시기는 1860년대부터 1910년까지예요. 이 시기는 구한말로, 농민, 노동자들이 기근, 빈곤, 압정을 피해 국경을 넘어 중국, 러시아, 하와이로 이주했습니다.

두 번째 시기는 1910년부터 1945년까지입니다. 생존 자체가 위협받는 궁핍에 내몰린 우리 민족은 1920년대에 접어들어 자신이 경작하던 땅을 빼앗기자 어쩔 수 없이 이농민이 되어 만주를 비롯한 해외로 이주했어요. 1910~1918년에 걸쳐 진행된 식민지 정부의 토지조사사업으로 조선 농민의 소작화가 이루어지고 일본인 지주와 동양척식회사 등이 조선 농민을 체계적으로 착취했지요. 그러자 궁핍해진 농민들은 만주로 이주했던 것입니다.

게다가 1931년 만주사변을 일으킨 일본은 '왕도낙토(王道樂土)' '오족협화(協和)' '일본의 생명선'이라는 선전 문구 아래 식민지 건설의 환상을 키워나갔어요. 그리고 중국 동북 지역을 대륙 침략의 병참기지와 식량기지로 활용하고자 했던 일본은 1년에 1만 호씩 만주로 이주시킨다는 계획 아래 조선인들을 집단으로 이주시켜 집단농장을 형성하게 하여 식량 증산을 꾀했습니다.

일본은 만선척식주식회사를 설립해 한인이민 사업을 담당하게 하고 1939년부터 해마다 조선에서 1만 호를 이주시키기로 계획했습니다. 그리하여 만선척식주식회사에 의해 이주한 한인 농가는 1939년 말 당시 1만 3977호, 인구수는 6만 5065명이었습니다. 이후 중일전쟁(1937)과 태평양전쟁(1941)으로 이주 추이는 줄었으나, 약 26만 명의 한인이 이 시기 조선총독부와 관동군이 협력해 강행한 국책이민 형태로 만주에 이주했던 것으로 추산됩니다. 요컨대 오늘날 중국에 사는 대부분의 조선족이 일제 식민지 통치기간에 이주한 사람이라고 할 수 있어요.

또 세 번째 시기는 1945년부터 1962년까지로 이 시기에는 한국전쟁을 전후해서 발생한 전쟁고아, 미군과 결혼한 여성, 혼혈아, 학생 등이 입양, 가족 개혁, 유학 등의 목적으로 미국 또는 캐나다로 이주했습니다.

마지막으로 네 번째 시기는 1962년부터 현재까지로 이때부터는 정착을 목적으로 한 이민이 이루어졌습니다.[6]

---

6 장유정의 〈20세기 전반기 한국 대중가요와 디아스포라〉, 윤인진의 《코리안 디아스포라》 중에서 인용

2장   세계로 흩뿌려진다는 것

붉은 산

소설 〈붉은 산〉은 1932년 김동인이 발표한 단편인데, 일제 강점하니까 차마 일본이 지배하고 있는 한반도를 배경으로는 말을 못 하고 만주로 무대를 옮겨서 쓴 소설이에요. 대개 만주인들은 뿔뿔이 흩어져 사는데, 만주로 이주한 한국인들은 한국인들끼리 모인 마을을 만들어서 살았어요. ▶김동인과간도

그 조선인 마을에 의사인 '나[余]'가 들어가게 됩니다. 이 소설에서 '나'는 화자(話者)이면서 관찰자예요. 진짜 주인공은 이 마을에서 '나'가 만나게 되는 '삵'이라는 별명의 정익호입니다. 멀쩡한 이름을 두고, '삵', 그러니까 거친 육식동물의 이름으로 불리게 된 주인공의 성격은 별명 그대로입니다. 생긴 것도 표독스러운 데다가 투전에 싸움으로도 모자라 부녀자 희롱까지

더해지니 이 조선인 마을에서는 골머리가 아픈 거죠. 그렇다고 한 동포를 차마 내치지도 못하고요. 이 '삶'에 대한 이야기가 쭉 이어집니다.

만주의 한국인 마을에 모여 살던 사람들은 모두 한국에서 살지 못하고 쫓겨 온 사람들이죠. 조선의 내 땅을 빼앗기고 소작권도 잃어 먹고살 길이 막막하니까 만주까지 들어가 남의 땅 부쳐 먹고 사는 거예요. 얼마나 비참한 삶이겠습니까. 지주는 밤낮 왜 소출이 이거밖에 안 되냐, 너 어디에 감춰놓은 거 아니냐 윽박지르며 때리고 소작인은 생명을 부지하기 위해 그 소출을 지키는 그런 관계였어요. 그 불쌍한 사람들끼리 모여 사는 곳에서 남 해코지나 하고 사는 '삶'은 또 모두에게 얼마나 미움의 대상이겠어요. 불쌍한 한국인끼리 왜 저리 괴롭히나 하겠지요.

풍토병 연구를 위해 그곳까지 간 의사인 '나'는 사람들에게 들어 이런 것을 알게 되는 거죠. 그러던 어느 날 누가 '나'를 불러서 급히 가보니, 송 노인이라는 한국인 소작농이 소출이 적다는 이유로 만주인 지주에게 맞아 다 죽게 되어 나귀에 실려 온 거예요.

실제로 나귀에서 내리는 순간 절명하고 말죠. 그런데도 누구 하나 그 억울한 죽음에 대해 지주에게 항의를 할 수가 없는 거예요. 힘이 없으니까. 저쪽은 지주들이고, 주변에 사람도 많은 데다 제 나라 제 땅이고 이쪽은 땅도 없고, 자기 몸 하나 지켜줄 나라도 없는 쫓겨 온 소작농이잖아요.

화자인 '나', 의사도 너무너무 화가 나고 분하고 서러워도 어디에 가서 호소할 데도 보호해줄 데도 없으니 참을 수밖에요. 그런데 그 말썽꾼인 '삶'

이, 아무도 나서지 않는데 말 한마디 없이 어디로 사라져 버려요. 혼자서 만주인 지주네 집에 쳐들어간 거예요. '삵'이 아무리 깡패고, 한국인 마을에서는 싸움꾼이라고 한들, 싸움이 됐겠어요? 중과부적(衆寡不敵)이죠. 결국 마지막엔 죽도록 맞아서 한국인 마을로 돌아오는데 집까지 가지도 못하고 마을 입구에서 그냥 쓰러져 버려요.

그래서 사람들은 또 '나'를 불러요. 소설 〈붉은 산〉의 마지막 장면은 이 삵의 임종 장면입니다.

"선생님 노래를 불러주세요. 마지막 소원…. 노래를 해주세요. 동해물과 백두산이 마르고 닳도록…."

여(나)는 머리를 끄덕이고 눈을 감았다. 그리고 입을 열었다. 여의 입에서는 창가가 흘러나왔다. 여는 고즈넉이 불렀다.

"동해물과 백두산이…."

고즈넉이 부르는 여의 창가 소리에 뒤에 둘러섰던 다른 사람의 입에서도 숭엄한 코러스가 울리어 나왔다.

무궁화 삼천리

화려 강산….

광막한 겨울의 만주벌 한편 구석에서는 밥버러지 익호의 죽음을 조상하는 숭엄한 노래가 차차 크게 엄숙하게 울리었다. 그 가운데 익호의 몸은 점점 식어갔다.

'삵'이 그렇게 사람들에게 푸대접을 받고 눈엣가시처럼 여겨졌지만, 사실은 의협심이 강했던 사람인 거예요. 늘 망나니처럼 자기 동포들을 괴롭혔지만, 또 막상 자기 동포가 외부의 사람에게 핍박을 당했을 땐 죽은 사람 복수를 하기 위해 나서는 그런 사람인 거죠.

그 '삵'이 임종하며 보는 것이 붉은 산과 흰옷의 환상이요. 그리고 마지막 소원은 노래를 불러달라는 거였죠. 〈애국가〉를. 안익태(安益泰 · 1906~1965) 선생이 〈한국환상곡〉을 작곡한 것이 1936년 독일 베를린에서였으니까, 이 소설 발표 당시에 사람들이 불렀던 애국가는 스코틀랜드의 민요 〈올드 랭 사인(Auld Lang Syne)〉의 곡조에 맞춘 창가였을 거예요.

죽어가는 '삵'을 앞에 두고, 또는 삵의 머리를 끌어안고, '나'는 노래를 하는 거죠. "동해물과 백두산이 …." 그러자 '나'와 '삵'을 둘러싸고 있던 사람들의 입에서도 그 노래가 나와요. 참으로 장엄한 코러스 아니었겠습니까? 요즘 한국에서 행사할 때 〈애국가〉를 잘 안 불러요. 대개 애국가 제창을 생략하는 경우가 많죠. 그런데 가끔 올림픽 같은 국제경기에서 1등 해서 시상식 때 태극기가 게양되면서 "동해물과 백두산이…." 이 곡조가 나오면 눈물이 핑 돌아요. 왠지 마음이 찡해지죠. 다른 나라 사람들은 그 메달을 따기까지 자기의 고생을 생각하며 우는 경우가 많겠지만 우리는 그냥 태극기를 보는 것만으로도, "동해물과 백두산이…." 하는 노래를 듣는 것만으로도 그렇게 서럽고 가슴이 북받치는 거예요.

김동인과 간도

〈붉은 산〉은 김동인이 1932년 4월《삼천리(三千里)》에 발표한 단편소설입니다. 발표 당시 부제는 '어느 의사의 수기'입니다. 1인칭 관찰자의 시점으로 쓴 액자소설로, '소설'을 '실록'인 양 착각하게 만드는 구조입니다.

이 작품을 발표할 당시 김동인은 평양에서 서울 서대문구 행촌동으로 이사한 무렵이었습니다. 이전도, 이후도 장기간 간도에서 생활했다는 기록이나 증언은 없습니다. 〈붉은 산〉은 그의 작품 중 유일한 간도 배경의 소설입니다. 다만 유민(遺民·망하여 없어진 나라의 백성)이라는 체험적 신분에서 쓴 민족주의 소설로 평가할 수 있습니다.

#　　디아스포라

　　그런데 이 '삶'이, 그 장엄한 코러스를 들으면서 죽어갈 때, 마지막으로 본 것이 무엇이었어요? 붉은 산이죠. 푸른 산도 아니에요. 붉은 황토 흙산. 그리고 흰옷 입은 사람들. 그러니까 만주 땅까지 쫓겨 와가지고 겉으로는 그 개망나니 짓을 했지만, 가슴속에는 늘 떠나온 고향이 있었던 거죠.

고향을 떠나온 사람들이 부르는 노래가 이 "동해물과 백두산이⋯."예요. 고향에서 쫓거나 만주까지 온 농민도, 나라의 독립을 위해 떠나온 독립군도, 심지어 일제에 의해 전 세계로 노예처럼 팔려간 사람들도 이 노래를 불렀어요.

그러니까 결론적으로 말하면 이 노래는 〈애국가〉라기보다 나라를 잃은 사람들의 '디아스포라(Diaspora)', 고향을 잃은 사람들의 망향가(望鄕歌)인 거죠. 땅을 그리워하며 불렀던 노래예요.

《흙 속에 저 바람 속에》할 때의 그 흙인데 그것도 그냥 흙이 아니고 황토 흙이에요, 황토 흙! 이 황토 흙이라는 게 참 묘해요. 풀 한 포기 나지 않는 불모의 땅이 황토 흙인데 '황톳길' 그러면 마음이 찡해지거든요. 황토라는 말만으로도 말이죠. 뒤에서 말하겠지만, 그래서 지금 사람들이 황토방을 가는 거예요. DNA가 남아 있어서 그래요. 황토방이 바로 그 붉은 산이에요.

'삶'이 죽어가는 순간에 그리워하며 환상으로 본 것은 화려한 도시, 풍요
한 감나무 · 대추나무, 기름진 황금 들판이 아니라 그 메마르고 황폐한
붉은 산이었어요. 이중섭(李仲燮 · 1916~1956)이 그린 듯한 그런 붉은 산.
거기에 흰옷 입은 고향 이웃들이 보입니다. 만주벌판 그 황량한 땅에서
환상으로 보는 고향의 붉은 산과 흰옷 입은 사람들…. ▶이중섭
'삶'의 마지막 소원에 따라 사람들은 노래를 불러요. 힘없어서 몸을 사리
기만 했던 사람들이 "동해물과 백두산이 마르고 닳도록…" 하고 말이죠.
그야말로 장엄한 코러스입니다. 모두의 마음을 움직이고, 두려움을 잊게
만든 노래잖아요.

지금 우리는 이 노래가 아무렇지도 않고, 큰 감동도 없지만 어디에서 어
느 때에 부르는 것인가에 따라 똑같은 노래인데 그렇게 다르죠. 이게 결
국 디아스포라, 약소민족으로 고향을 상실하고 쫓겨 온 사람끼리 남에게
받은 핍박과 설움을 서로 위로할 수밖에 없을 때, 그 순간에 마지막으로
부르는 노래가 〈애국가〉예요. 이런 것을 생각하면 감히 〈애국가〉를 생략
하자는 말이 안 나와요. 생각해보세요.

한때 〈애국가〉는 잘못 부르면 잡혀가는 노래였어요. 누구도 감히 드러내
놓고 가르쳐준다거나 하지 못해서 겨우, 겨우 아버지가 아들에게 집 안
에서만 몰래 가르쳐주고, 그 아들이 또 친구에게 몰래 가르쳐주고 하면
서 번져갔을 거예요. 가사를 종이에 인쇄하거나 써서 보여준다거나 하는
건 상상도 못 하는 상황에서 뜬소문처럼 번져갔을 노래인데, 1930년대의

〈붉은 산〉에 정확하게 오늘날 우리가 부르는 가사가 나옵니다. 기가 막히지 않아요?

이중섭

화가 이중섭은 6 · 25전쟁과 가난의 세파 속에서 꽃이나 닭, 황소나 새, 물고기나 게를 즐겨 그렸습니다. 시인 구상의 표현을 빌리자면, "판잣집 골방, 시루의 콩나물처럼 끼어 살면서도 그렸고, 부두에서 노동을 하다 쉬는 참에도 그렸고, 다방 한구석에 웅크리고 앉아서도 그렸고, 대폿집 목로판에서도 그렸다. 캔버스나 스케치북이 없으니 합판이나 맨 종이, 또는 담뱃갑 은박지에다 그렸고, 물감과 붓이 없으니 연필이나 못으로" 그림을 그린 사람입니다.

그렇지만 생전 그의 삶과 그림은 제대로 인정받지 못했어요. 1954년의 미도파 전람회 때는 작품을 사 가는 사람에게 "공부가 덜 된 작품이니 나중에 바꾸어 주겠다"라며 미안해하기도 했지요.

이런 일도 있었습니다. 전쟁 당시의 대구에서 미술전을 열어 처자가 있는 일본으로 가려고 하였어요. 뱃삯을 간신히 벌어 배편을 수소문하던 중 경남 통영의 장터에서 통곡하는 여인을 발견하였어요. 소 판 돈을 날치기당했다는 사연을 듣고는 가슴에 품고 있던 뱃삯을 냅다 던져주고는 뒤도 돌아보지 않고 달음질쳤다고 하지요. 훗날 친구들에게 그 사연을 이렇게 말했어요.

137

"꼭 내가 그 여인의 돈을 날치기한 것 같은 생각이 나서……."

그러한 심사(心思)와 행동은 예술적 천재만이 가질 수 있는 순수의 극치를 말해 주는 것이 아닐까요? 그는 또 제주도 시절에는 게나 조개를 잡아다 먹었는데 "게들의 넋을 달래기 위해 게를 그린다"고 했지요. 1956년 무료병동의 '무연고자' 표지 옆에서 외롭게 세상을 떠났지만, 현재 그는 우리나라에서 가장 유명한 화가 가운데 한 사람입니다.

- -

민들레 홀씨처럼

디아스포라(Diaspora)는 그리스어입니다. '디아(Dia)'는 방향을 뜻하는 겁니다. 여기서는 사방(四方)을 말하죠. 그리고 '스포라(Spora)'는 씨앗, 즉 디아스포라란 씨앗을 뿌리는 것을 말해요. 우리는 씨를 뿌릴 때 한군데에 모아 뿌리는 것이 아니라 사방에 넓게 뿌리지요.
우리 민족도 그래요. 사방으로 도망갔지요. 지금 저 러시아부터 시작해 미국, 유럽 온갖 곳에 한국 사람 안 간 곳이 없어요. 아프리카 오지에 가도 뻥튀기와 번데기를 파는 한국 사람이 있다잖아요. 독일에 광부, 간호사로 가서 정착한 한국 사람도 있고, 열을 가하지 않아도 달걀이 그냥 익어버린다는 그 열사(熱沙)의 땅 중동 지역에도 한국인들이 진출해 있죠. 우스 개로, 냉탕 온탕에 다 있는 거예요. 저 시베리아의 냉탕부터 중동의 온탕 까지 그곳들을 왔다 갔다 하면서 우리가 이만큼 살게 되었어요. 한국인의 디아스포라지요. 전 세계에 한국인의 씨앗을 뿌리는 겁니다.

지금 한국 인구가 5000만이 넘는데, 세계 곳곳에 흩어져 사는 한민족은 193개국 732만 5143명(2021년 기준)이에요. 이 통계를 보면 동북아시아 부터 아프리카까지 모든 곳에 다 가 있죠. 지금은 한국도 살 만하게 되었 으니까 이민을 별로 안 나가지만요. 내가 가끔 농담 겸 하는 이야기로, 정 치를 못해도 그것이 한국 사람에게 덕이 될 때가 있다고 해요. 정치를 잘 해서 살기 좋으면 이민 갔겠어요?

어렸을 때 민들레 홀씨가 하얗게 피어나면, 그 하얀 솜털 봉오리를 꺾어 들고 입김을 세게 불어 하늘로 날려 보낸 기억이 있을 겁니다. 누구라도 그 하얀 솜털 봉오리를 보면 불어 날리고 싶은 충동을 느끼게 돼요. 어린 아이의 장난이라고 해도 그건 생태계에 도움을 준 거예요. 하나의 식물이 가까이에 뭉쳐 있으면 해로워요.

어떤 이유로 그 지역의 생태계가 위협받으면 전체가 몰살되는 위험이 있 잖아요. 그 식물에 위험한 돌림병이 돌면 그 돌림병이 퍼져 한 종(種)이 사 라질 수 있어요. 그래서 멀리 퍼져나가기 위해 민들레는 하얀 깃털을 달았 고, 단풍나무 씨앗이나 소나무 씨앗은 프로펠러를 닮은 외날개를 달고 있어 요. 모체로부터 가능한 한 멀리 떨어질 수 있도록 말이죠.

로스차일드의 화살

전 세계로 가장 많이 흩어져 있으면서도 불행하지 않고, 노벨
상을 가장 많이 탄 민족이 유대민족입니다. 디아스포라가 이 유대인에게
서 나온 말이에요.

진위(眞僞)가 의심스럽긴 하지만, 널리 알려진 이야기로 워털루 전쟁과 로
스차일드 가문에 얽힌 재미있는 이야기가 있습니다. 당시 유럽에도 국채
(國債)와 주식을 거래하는 시장이 있었는데, 전쟁의 승패에 따라 각 나라
의 국채 가격은 오르락내리락했겠죠.

전쟁의 승패에 대한 정보를 남들보다 하루만 빨리 알아도 엄청난 돈을 벌
어들일 수 있었어요. 그것을 가장 많이 알고 있던 이가 각국 정부나 군대
가 아닌 로스차일드 가문(Rothschild Family)의 네이선 로스차일드(Nathan
Mayer Rothschild · 1777~1836)였다고 해요. 당시엔 전화나 전보가 지금처
럼 활성화되어 있지 않으니 전서구(傳書鳩)를 띄워서 정보를 주고받았는
데, 로스차일드 가문은 널리 퍼져 있어서 가문끼리 오가는 비둘기가 있었
던 거죠. 패밀리 네트워크예요.

워털루 전투의 승패가 결정되던 날은 폭우가 내렸는데 그 비를 뚫고 로스
차일드 가문의 전서구가 도착했고, 영국의 승리를 알게 된 로스차일드는
그 자리에서 자신이 가지고 있던 영국의 국채를 팔기 시작합니다. 그러니
사람들이 동요하는 거예요. 전 세계에 흩어져 있는 가문 사람들끼리의 패

밀리 네트워크 덕분에 가장 많은 정보를 가지고 있는 로스차일드가 영국 국채를 팔기 시작했다? 게다가 로스차일드가 누구예요. 금융업계의 왕과 같은 사람이잖아요. 사람들이 다들 "아이고, 영국이 졌구나!" 생각하면서 가지고 있던 영국 국채를 죄다 내다 팔았어요.

그러자 로스차일드는 사람들이 투매(投賣)해서 가격이 떨어질 대로 떨어진 국채를 남몰래 싹 사들여 엄청난 이익을 취했어요. 이때 로스차일드가 번 돈이 현재 가치로 6억 파운드가 넘는 돈이었다고 합니다. 이 로스차일드가 유대인이에요. ▶로스차일드 가문이 부를 유지한 힘은 어디서 나왔을까

로스차일드 가문에 내려오는 '다섯 화살' 이야기가 있어요. 다섯 아들을 둔 아버지가 하나, 둘, 셋, 넷, 다섯 개의 화살을 끈으로 묶어놓고 아들들을 불러 모았어요. 그런 후 화살을 각자에게 하나씩 나누어 주며 "화살을 부러뜨려 봐"라고 하니 아들들은 손쉽게 화살을 부러뜨렸겠죠? "두 개 부러뜨려 봐", "세 개 부러뜨려 봐" 하니 아들들은 벌써 알고 있었어요. 그런 옛날이야기가 있으니까요.

그래서 속으로 '아이고 아버지, 그거 다 아는 얘기예요'라고 생각하며 세 개, 네 개까지 하는데, 다섯 개까지는 못 부러뜨리는 거예요. 그래서 아들들은 이렇게 말합니다.

"알았어요, 아버지! 오 형제 단합하고 뭉쳐서 잘 살겠습니다."

그러자 아버지는 대뜸 "야 이 바보들아, 바보들아!" 합니다. 아버지가 말하고 싶은 건 그게 아니었던 거죠.

"너희 힘이니까 못 꺾지. 더 힘센 사람이 오면 다섯 개도 쉽게 꺾어. 뭉치면 죽는 거야. 흩어져! 이 녀석들아. 하나씩 흩어져! 하나는 독일에 가고 하나는 프랑스에 가면 독일과 프랑스가 싸워 어느 한쪽이 그 나라의 패망과 함께 사라져도 하나는 살아남잖아. 두 개 다 부러뜨릴 수는 없어. 전 세계로 흩어져. 그래서 그중의 어느 하나만이라도 살아남으면 우리가 다 사는 거야."

로스차일드가 부(富)를 유지한 힘은 어디서 나왔을까

니얼 퍼거슨 하버드대 교수는 저서 《전설의 금융가문, 로스차일드》[7]에서 유대계 최대의 금융 가문 로스차일드를 심층 분석합니다. 로스차일드 가문은 18~20세기에 걸쳐 전 세계 금융계를 장악, 재산이 약 50조 달러(약 5경 원 · 1경=1만 조) 이상으로 알려져 있어요.

지난 250여 년간 8대(代)에 걸쳐 전 세계 금융 자본을 지배한 로스차일드 가문은 '가문 내 결혼, 재산의 비밀 관리, 장남의 가문 승계'를 내세워 가문의 결집력을 유지하고, 세계적인 금융 재벌의 명성을 이어가고 있다고 해요.

한국과도 인연이 깊습니다. IMF 이후 로스차일드 그룹은 한국에 가장 많은 외국인 투자를 유치한 외국 투자기관이었죠. 한국의 대외 신인도 제고(提高)에 기여했

---

7 북이십일, 2013. 원제 《The House of Rothschild》

다는 평가도 있어요. 한동안 대기업 구조조정, 지자체의 부채조정기금 운영, 서구의 구조조정 기법 등을 전수했다고 합니다. (참고: "윌버 로스 로스차일드그룹 수석전무 인터뷰",《조선일보》1999년 7월 12일 자.)

몇 해 전 아리안 드 로스차일드(Ariane de Rothschild) 에드먼드 드 로스차일드(EDR) 그룹 최고경영자(CEO)가 내한한 일이 있어요. 로스차일드 가문 출신이 아닌 여성이 로스차일드 집안의 며느리로 들어와 가문의 주요 금융재벌 중 하나인 EDR그룹의 수장까지 올랐었다고 해요.

EDR은 PB(프라이빗뱅킹)와 자산 운용을 주력으로 하는 금융기관으로 스위스 제네바, 프랑스 파리 등에 본부를 두고 있습니다.《조선비즈》와의 인터뷰에서 아리안 드 로스차일드는 "이 가문이 부를 유지한 힘을 무엇으로 봐야 하는가"라는 질문에 이렇게 답했어요.

"부자가 되려면 주변에 부자가 많이 있어야 합니다. 그들은 부의 흐름을 읽고, 가장 먼저 투자해 이익을 실현합니다. 우리는 많은 거액 자산가를 고객으로 갖고 있습니다. 그들과 이야기를 나누다 보면 이전에는 생각조차 하지 못했던 특별한 분야나 기업에 대해 각별한 관심을 보이는 경우를 목격합니다. 저는 막대한 부를 일군 사람들한테서 투자 아이디어를 종종 얻고, 기업을 경영하는 데 활용하고 있습니다. 로스차일드 가문이 인맥을 관리하고, 거기서 얻은 정보를 활용했던 것처럼 말입니다."

역사를 보면 로스차일드 가문은 금융업을 통해 큰 부를 축적했습니다. 그렇다고 로스차일드가 금융업만 하는 것은 아니에요. 와인을 생산하는 와이너리를 갖고 있고, 치즈를 만드는 사업도 합니다. 예술가를 후원하고, 재단을 세워 자선활동도 벌입니다. 중요한 것은 이 모든 것이 사람을 만나기 위한 비즈니스예요.

"금융기업들이 가장 많이 저지르는 실수는 '숫자'만 보는 것입니다. 숫자는 매우 추상적이죠. 부를 쌓은 사람들과 직접 접촉하고, 그들과 긴밀한 관계를 유지했던 것이 훌륭한 전략이었다고 생각합니다."

한국인의 파종

여태까지 우리는 뭉쳐야 살고 흩어지면 죽는다 했지만, 흩어지면 살고 뭉치면 죽는 게 맞는 말이에요. 디아스포라가 얼핏 보기에 불행해 보이더라도 유대인들이 세계 각국에 퍼졌기 때문에 노벨상도 각 나라의 여러 환경 속에서 탈 수 있게 됐던 거예요. 이스라엘 본국에 사는 유대인 중에서는 노벨상을 탄 사람이 별로 없어요. 남의 나라로 디아스포라 되어서 그 결과로《안네의 일기》같은 슬픈 글을 쓰게 되기도 했지만, 하나님이 전 세계로 파종(播種)을 하신 겁니다. ▶안네의일기, 세계적 스테디셀러 한국 사람이 지금까지 고통스럽게 살면서, 그 고통에서 벗어나기 위해 아프리카 오지에 간 게 한국인을 파종한 거예요.

"너희는 견딜 수 있어. 아프리카는 물론 그 어떤 곳에 가서도 견딜 수 있어. 그러니 한국의 얼과 마음을 전 세계에 뿌려!"

이렇게 하나님의 목소리를 빌려 말하지만, 그럼에도 디아스포라는 가슴 아픈 거예요. 그러나 나쁜 면만 있는 것은 아니라는 거죠.

더구나 요즘과 같은 글로벌한 세계에서 메르스, 코로나19 같은 무서운 병이 한국에 들어와 한반도에 살고 있는 한국인이 모두 죽는다고 해도 전 세계에 퍼져 있는 우리 동포들이 많이 있잖아요. 그곳은 바이러스의 영향을 받지 않을 테니 살아남아요. 자식을 낳아서 한집에 오글오글 모여 사는 사람들은 '모' 아니면 '도'예요. 그러나 흩어져 있으면 절대로 안 죽습니다. 이게 국제고 글로벌 사회예요. 그러니까 내 민족, 내 나라를 사랑하는 애족, 애국심을 가진 채로 전 세계로 흩어져 사는 것이 사실은 좋은 거예요. 우리나라에도 좋은 거고.

IMF 때 해외에 있는 동포들이 우리나라로 금을 보내줬던 것도, 해외에 나갔기 때문에 금융위기에 타격을 입지 않은 사람들이 국내의 동포를 도와준 거잖아요.

롯데그룹을 보세요. 일본에서 시작된 회사가 한국으로 들어와서 아주 큰 기업이 되었지요. 일본에서 롯데를 처음 시작한 창업주도 한국에서 살지 못할 이유가 있어 일본으로 간 거지 처음부터 웅대한 포부와 모험심을 품고 일본으로 건너갔겠어요? 지금 해외에서 살고 있는 우리 이민 1세대들은 다들 한국에서 탄압받고 땅을 빼앗기고 어떤 이유에서든 내 나라 내 땅에서 살지 못하고 쫓겨 간 분들이지요.

하지만 어때요? 그렇게 해외로 간 분들, 다들 그 나라에서 행복하게 잘 살고 계세요. 그러니까 여러분이 이 한국 땅, '붉은 산'을 벗어나면 죽는다고 생각해서는 안 돼요. 그러면 이 이야기는 의미가 없습니다. 이 글을 읽을 필요가 없어요. 흙은 변하지 않지만 바람은 움직여요. 이 땅은 그대로인데 한국 사람들, 특히 여성들은 많이 바뀌었어요.

안네의 일기, 세계적 스테디셀러

1942년 6월 12일.

전쟁을 위해 엄청난 돈을 쓰면서도 왜 의료 시설이며 예술가며 가난한 사람들을 위해 쓰는 돈은 한 푼도 없는 것일까요? 세계에는 음식이 남아 썩는 곳이 있는데도 왜 굶어 죽어야 하는 사람이 있는 것일까요?

열세 살 안네의 일기는 이날부터 시작됩니다.

1944년 8월 4일 이른 아침 네덜란드 암스테르담 프린센그라흐트 263번지. 나치 독일의 비밀경찰차가 멈춰섰어요. 책장의 숨겨진 문 뒤에 방이 있는 것이 발각돼 오토 프랑크네 유대인 가족과 그 친구의 가족까지 8명과 은신 생활을 도와줬던

3부 가장 약하기에 가장 강한 것

네덜란드인 두 명이 연행됩니다.

오토 프랑크 무역상회에 근무하던 미프 히스 부인은 다음날 몰래 이 방을 찾아 갔다가 흐트러진 방에 뒹굴고 있던 붉은색 바탕 오렌지색 무늬 표지의 일기장을 발견합니다. 오토의 둘째 딸 안네가 써온 일기장이었죠. 이 일기장은 2년 전인 1942년 6월 12일 아버지 오토 프랑크가 안네의 13세 생일 선물로 사준 것이었 어요.

나치 독일 유대인 탄압의 가장 생생하고 가슴 아픈 고발장《안네의 일기》는 이 렇게 해서 역사에 남게 되었습니다. 1947년 축소판이 발간된 이후 수십 년 동안 50여 개국에서 번역돼 전 세계적 스테디셀러가 되었어요.

2차 세계대전 당시 안네의 아버지 오토는 아우슈비츠 강제수용소로, 첫째 딸 마 고와 둘째 딸 안네는 독일의 베르겐-벨젠 강제수용소에 보내졌어요. 마고는 영 양결핍에다 티푸스까지 겹쳐 1945년 3월 먼저 죽었고 며칠 후 안네도 뒤따랐습 니다. 히틀러가 정권을 잡은 1933년부터 독일이 무조건 항복한 1945년까지 12 년 동안 나치 독일이 유럽 각지에서 학살한 유대인은 600만 명으로 추정됩니다. 그 가운데 150만 명이 어린이였어요.

아버지 오토는 소련군이 아우슈비츠를 해방시키자 암스테르담 집으로 돌아오게 됩니다. 미프 히스 부인이 돌아온 오토에게 안네의 일기를 전하면서《안네의 일 기》가 세상에 알려지게 되었어요.

1957년 5월 3일, 암스테르담 프린센그라흐트 263번지의 집을 수리해 공공에게 개방하기 위해서, 가족 중 유일한 생존자 오토 프랑크를 중심으로 사람들은 안네

프랑크 재단을 건립합니다. 은신처가 있던 263번지는 '안네 프랑크 하우스'라고 불리며 1960년 5월 3일 박물관으로 개관하게 되어 오늘에 이릅니다.

....

디아스포라로 살면서도

디아스포라는 전 세계로 우리 씨를 파종하는 것입니다. 타향에 살면서 흙을 그리워하기만 하면 안 됩니다. 그리고 "내 고향 난 못 떠나!" 해서도 안 됩니다.

일제 시대에 〈진주라 천리길〉이라는 노래가 있었어요. "천리 길을 내 어이 왔던고~"로 시작하는, 디아스포라의 슬픔을 노래한 곡이죠. 노랫말은 이렇습니다. ▶진주라천리길

진주라 천리길을 내 어이 왔던고
서장대에 찬바람만 나무기둥을 얼싸안고
아 타향살이 내 심사를
위로할 줄 모르느냐

진주라 천리길을 내 어이 왔던고

달도 밝은 남강가에 모래사장을 거닐면서

아 불러보던 옛노래는

지금 어데 사라졌나

그런데 세상에 천리 길이 뭐 그렇게 멀다고요. 고작 서울에서 진주까지의 거리예요. 그 길 두고 "내 어이 왔던고~"가 뭡니까. 남들은 조랑말 타고 전 세계를 누볐어요. 칭기즈칸 보세요. 몽골 초원에서 시작해 대륙을 건너 유럽까지 쳐들어가는데 우리는 겨우 진주까지 가서 고향 떠났다고 "내 어이 왔던고~" 하고 노래하는 식이죠. 칭기즈칸처럼 정복을 하라는 게 아닙니다. 그 땅을 정복하지 않고도 얼마든지 그 땅에 뿌리 내릴 수 있어요. 나를 키운 고향 흙을 떠나야 하는 디아스포라가 슬픈 게 아닙니다. 우리 씨가 퍼져야 해요. 전 세계로 파종을 하는 것이 디아스포라입니다. 생명을 뿌리는 거예요. 그런데 그 씨는 흙이 있어야 싹이 납니다. 콘크리트에선 씨가 나지 않아요. 그러니까 디아스포라로 살면서 흙의 마음을 간직하는 것입니다. '붉은 산'을 간직하는 거예요.

진주라 천리길

경남 진주를 소재로 한 대중가요 〈진주라 천리길〉은 1941년에 발표되었는데, 당시 큰 사랑을 받은 노래입니다. 조명암(趙鳴岩) 작사, 이면상(李冕相) 작곡으로 이규남(李圭南)이 노래했어요. 작사가, 작곡가 모두 월북하는 바람에 노래가 잊혔다가 해금이 되면서 재조명된 노래입니다.

대중음악 평론가 이동순에 따르면, 충남 연기 출신의 이규남은 식민지 시절 일본 유학비를 벌기 위해 진주의 재래시장에서 유성기 음반과 바늘을 팔았다고 해요. 작곡가 이면상이 진주에 갔다가 우연히 이규남을 만났고, 서울로 돌아가 작사가 조명암에게 가난한 청년 이야기를 들려주었다고 합니다. 깊은 감동을 느낀 조명암은 즉시 노랫말을 지었고, 이면상이 곡을 붙였어요. 이 곡을 들어보면 나라의 주권을 잃고 군국주의 체제의 시달림 속에서 허덕이는 식민지 백성의 설움과 눈물이 느껴지죠.

이면상은 〈사랑도 팔자〉, 〈네가 좋더라〉와 같은 대중가요도 여러 편 남겼습니다. 1946년초 월북해 북한 음악가동맹위원장을 맡는 등 북한 최고의 작곡가가 되었다고 합니다. 최고인민회의 대의원, 당 중앙위원 등을 역임했어요.

조명암 역시 대중가요 〈신라의 달밤〉, 〈서귀포 칠십리〉, 〈낙화유수〉 등을 작사했는데 그 역시 월북해 북한 교육문화성 부상(副相), 문예총 부위원장 등을 지냈습니다.

가수 이규남(본명 임헌익)은 성악에서 대중음악으로 진로를 바꾼 인물입니다. 처음엔 그 역시 월북한 것으로 알려졌지만 유족들의 증언과 당시 정황에 의해 납북으로 밝혀졌습니다. 이 곡은 분단 이후 줄곧 금지곡 목록에 들었다가 훗날 해금되었어요.

3장 　　흙을 밟지 못하는 사람들

\# 　　　토포필리아

　　토포필리아(Topophilia)라는 말이 있죠. 그리스어에서 장소를 뜻하는 'Topos'와 사랑을 의미하는 'Philia'를 결합한 말이에요. 장소애(場所愛)라고 옮기기도 해요.

중국 태생의 미국 지리학자 이-푸 투안(Yi-Fu Tuan · 1930~2022)은 "공간과 장소는 명확히 다르다"고 말합니다. 공간은 움직임이 일어나는 곳이며 자유를 상징하지만, 장소는 멈추는 곳이며 안전을 상징한다고 설명해요. 그런데 이 공간에 의미와 가치를 부여하면 장소로 발전한다고 이-푸 투안은 강조해요. 이 장소와 사람 간의 정서적 유대감이 바로 '토포필리아'입니다. 특정 공간에 대한 각별한 감정을 뜻해요.

추상적이고 낯선 공간이 개개인의 삶의 경험과 감정을 통해 의미로 가득

찬 애틋하고 구체적인 장소로 전환됩니다. 장소는 머무름이고 개인들이 부여하는 가치들의 안식처, 그리고 안전과 애정을 느낄 수 있는 고요한 중심이라고 말할 수 있죠.

예컨대 예전의 골목길 같은 곳이 그렇습니다. 비좁은 골목길에서 뛰어노는 동안 사춘기 아이는 성장하며 세상을 체험하게 돼요. 골목에서 놀다가 넘어져 무릎에 상처딱지가 생길 때 회복 탄력성을 경험하며 마음의 근육도 자라나지요. 세월이 흘러 어린 시절 고향, 옛 동네, 옛집을 찾는 것도 그런 이유, 나만의 장소애 때문이지요.

토포필리아, 제가 지금 무슨 이야기를 하고 있는 것 같으세요? 흙 이야기를 하고 있는 겁니다. 붉은 산, 그것도 초록이 무성한 풍요한 산이 아니고 황톳길처럼 붉은 산. 그 산을 빼앗겼다는 것이 뭐였습니까. 그 땅을 빼앗겼다는 것은 그 흙을 빼앗긴 거예요. 그 흙을, 고향의 흙을 잃으면 '삶'처럼 환상에서밖에 보지 못해요.

우리나라 땅의 8할이 산이에요. 과거엔 헐벗은 붉은 산, 민둥산이 대부분이었죠. 그런데도 우리는 '금수강산 삼천리'라고 했어요. 바깥에서 보면 '진짜 금수강산(錦繡江山) 보지도 못했나 보다'고 어처구니없어할 게 아니에요. 하지만 메마를수록, 붉은 산일수록 애정이 가는 겁니다. 부모 자식 간에도 부모의 살림이 넉넉하고 건강하면 자식들이 부모 걱정을 안 해요. 사랑도 없죠, 나 살기 바쁜데.

그런데 그 부모가 가난하게 살면 그 어린애가 효도를 하지 않을 수가 없어요. 조국도 그래요. 우리 조국이 나한테 뭘 해줄 만큼 넉넉하고 잘살면 나는 내가 더 잘살 수 있는 곳으로 이민 가서 조국 잊고 편안하게 잘살 수 있어요. 남편도 잘나야 이혼하는 거죠. 지지리 못난 남편은 버리지도 못해요. 사람이 그래요.

내게 아무것도 해준 것이 없는 조국이 너무 딱하니 버리지를 못해요. 그러니까 붉은 산, 이게 더 가슴이 아파요. 남들이 보면 이렇게 비웃을지 모르겠어요.

'아이고, 그것도 산이라고…. 그 황토산, 나무 하나 없고 사슴은커녕 토끼 한 마리 없는 그런 산이 뭐가 좋다고….'

하지만 나에게는 가슴 에이게 절절히 그리운 곳이 되죠. 흰옷도 보세요. 그게 뭐 금의환향(錦衣還鄕)의 비단옷도 아닌 해질 대로 해진 무명옷을 입은 그 가난하고 핍박받는 사람들이 보고 싶어집니다.

이 흙에 대한 사랑이 뭔가 생각해보면, 그게 토포필리아, 장소애입니다. 내가 어렸을 때 밖에서 놀다 집에 돌아오면 항상 어머니가 옷에 묻은 흙을 털어주셨어요. "아이고 이 녀석 흙 묻혀왔어?" 그러고 그 옷을 빨아주셨죠. 내 옷에 흙이 묻었다는 이야기는 내가 흙과 놀고 왔다는 이야기예요. 친구와 함께 놀았든 혼자 놀았든 어린 저는 흙과 놀았어요. 그런데 요즘 아이들, 콘크리트와 아스팔트 길을 걸으며 스마트폰을 들여다보는 엄지족이 된 아이들은 흙과 너무 멀어요. 흙하고 너무 멀리 떨어져 있어요. 예전에 도시 아이들이 흙을 너무 모르니까 쌀이 벼에서 자라는 게 아니라

쌀나무에서 난다고 아는 아이도 있었다는 말이 있을 정도로요.

다시 흙과 이별하다

　　　　우리가 해방 이후 70여 년을 살아오면서 제일 많이 잃어버린 게 뭘까요? 그 지겨운 농촌 떠나 서울 와서 다들 출세하고 우리 참 행복해졌죠. 그 과정에서 우리는 흙을 잃어버렸어요. 저 황토 흙의 우리 산, 그 흙이 우리가 먹을 풀과 나물, 곡식들, 우리의 생명을 이어가게 해줄 것들을 키워냈어요. 식물, 동물, 벌레, 인간 모두 흙이 없으면 죽어요.

그런데 그 흙을 언제 밟아봤나 싶어요. 어딜 가나 다 아스팔트가 깔려 있고….

대체 언제부터 우리가 이렇게 된 걸까요.

황폐한 붉은 산이었지만 그래도 우리가 흙과 함께 지내면서 흙에서 기운을 받아 살아왔어요. 그런데 도시를 보세요. 지금 도시를 보면 그 흙 위로 모두 아스팔트가 깔려 있어요.

아스팔트 아니면 돌이거나, 그것도 아니면 시멘트! 도심의 사무실만이 아니라 개인이 사는 집에도 여기저기 놓인 화분의 흙을 제외하면 흙이 없어요.

끝없는 생명을 만드는 게 흙이에요. 흙에서 생명이 자라기도 하지만 죽은 생명이 흙을 통해 또 다른 생명으로 재생되기도 하죠. 자연계 순환의 고리에서도 가장 중요한 것이 흙입니다. 흙에서 자란 식물을 먹고 생활하던 동물이 죽으면 흙으로 돌아가서 다시 다른 생명을 위한 거름이 됩니다. 흙이 없으면 그 재생의 고리도 끊어져요. 그 중요한 흙을 오늘날 우리는 아스팔트로 시멘트로 덮어버립니다. 아스팔트와 시멘트 아래의 흙은 생산을 하지 못하니 죽은 흙과 마찬가지입니다. 고속도로가 생기면 그 고속도로의 길이와 너비만큼 흙이 생산할 수 있는 풀, 나무, 잡초, 곡식…. 이런 생명이 줄어드는 겁니다.

우리가 옛날에 앉을방아에 찧어 먹던 호밀, 보리 다 어디로 갔습니까?

도시란 흙을 죽이는 문명입니다. 농촌을 죽여서 도시가 만들어지면 그 농촌에 살던 사람들이 도시로 서울로 이농(離農)해 출세하고, 그 출세를 부러워하는 이 문화가 우리의 번영을 가져온 도시문화예요. 스스로 흙을 파서 우리가 먹을 양식을 거두어들이는 것이 아니라 공산품을 만들어 수출해 돈을 벌어 외국의 밀가루를 사 와서 연명하고 있지요, 지금 우리가…. 대량 생산에 적합하게 유전자 변형을 한 그 밀가루를요.

그러니까 산업과 무역을 해서 이만큼 잘살게 되었다는 말은 그만큼 흙과 멀어졌다는 말과 같은 말입니다. 흙과 떨어졌어요. 분리되어 버렸습니다. 우리는 그 '흙'의 의미를 알아야 합니다. 그 흙의 의미를 알자는 말이 반드시 옛날 브나로드 운동처럼 농촌으로 돌아가자는 이야기가 아니에요. 꼭 농촌에서 곡식 찧어 빻아 먹으면서 살자는 말이 아닙니다.

같은 도시 생활을 해도 흙이 뭔지를 알면 생명이 뭔지를 알게 되지만, 지금은 그렇지 못하다는 이야기예요.

#　　죽고 죽이던 사이더라도

　　전설처럼 전해져 오는 얘기가 하나 있어요. 6·25사변이 났을 때, 피란민 중 한 사람이 어느 집 마당에 멍석을 깔고 누워 잠을 청하는데 웬 청년 하나가 옆에 와서 자더래요. 그런가 보다 하고 밤새 잘 자고 일어나 아침에 보니 같이 잠을 잔 청년이 북에서 내려온 인민군이었답니다. 무서운 적군(敵軍)이었던 거죠. 피란민들은 그 인민군을 피해 도망가던 중이었잖아요. 적으로 대치해 서로 죽고 죽이던 사이도 시골 흙바닥에 멍석을 깔아 놓으면 옆에 와서 자고 가요. 그것에 관해 누구도 말하지 않아요. 이게 우리의 흙이에요.

요즘은 코로나다 뭐다 해서 시들시들해졌지만 몇 해 전만 해도 다들 황토방이나 찜질방을 찾아갔어요. 중년 주부들이 우스갯소리로 "남편 없어도 사는데 찜질방 없으면 못 산다"고 했을 정도예요.

왜 우리가 전 세계에 없는 찜질방, 황토방을 만들었을까요? 왜 한국에는 '방 문화'가 있을까요?

여태껏 무심하게, 별생각 없이 그냥 가고 싶어지니까 갔던 황토방. 지금부터라도 그 황토방에 가면 왜 마음이 편안해지고, 우리가 굳게 지키던 규

범마저 한 꺼풀 느슨해져 남녀구별도 없어지나를 생각해보세요. 요즘은 다들 아파트에 사니까. 그러니 우리 자신들은 모르고 가는 것이기는 해도, 사람들이 흙을 찾아 황토방으로 가는 거예요.

황토방에서 입는 옷은 황토색 옷이에요. 그 황토방에서 일괄 대여해주죠. 왜 하필 황토색 옷을 대여해줄까? 붉은 황토 산을 떠올리게 하는 색이니까 황토색 옷을 찜질복으로 대여해주죠. 거기에 가면 흙을 볼 수 있어요. 속까지 시커먼 흙구덩이….

황토방에 가면 또 하나 재미있는 것이 남녀노소 사이에 구별이 사라진다는 점이에요. 흙은 모든 것을 공평하게 끌어안죠. 그래서 흙 앞에 가면 다들 편안해집니다. 우리나라가 '남녀 칠세 부동석'이라고 해서 그렇게 남녀를 구분하고 내외하는데도 시골에 가서 멍석만 펴 놓으면 그 자리의 주인이고 지나가던 나그네고 뭐고 그냥 전부 와서 앉고 드러누워 낮잠 자고 하늘 보고 그랬거든요. 옆에 누가 있든 말든.

\#   황토와 생명

인류의 4대 문명 발생지는 모두 황토 위에 위치하고 있어요. 인류문명이 시작된 무렵부터 흙이 생명을 상징하는 개념이 된 것은 우연이 아닙니다.

중국 하(夏)나라의 우왕(禹王)이 저술했다는 전설이 전해지는 중국 최고(最古) 지리서인 《산해경(山海經)》에 의하면, 황토는 질병치료에 효험이 있고 귀한 약초들과 광물들을 자라게 한다고 하지요.

16세기 중국 약학서 《본초강목(本草綱目)》에는 적토(赤土)를 얼굴에 바르면 기미나 여드름이 사라진다고 적고 있죠. 머드팩처럼, 황토를 얼굴에 바르면 피부에 있는 기름 등 유기물을 빨아들인다고 합니다. 3대 고의학서 중 하나인 《향약집성방(鄕藥集成方)》(1433)에는 흙의 효과를 이렇게 설명해요.

좋은 흙은 맛이 달고 성질이 평(平)하며 독이 없다. 냉이나 열로 생긴 설사, 뱃속이 열독으로 쥐어짜는 듯이 아플 때 땅속 마른 흙을 파서 물에 부어 끓은 다음 가라앉혀서 먹으면 몸에 좋다.

또 산모가 산후에 온몸이 파랗게 부으면서 아픈 것과 산후 혈수증에도 황토가 쓰였다고 합니다.

세종대왕은 여름철 경회루 인근에 짚으로 지붕을 이고 황토로 벽체를 바른 초당에 가서 거처했다는 기록이 있어요. 대궐이 싫어서가 아닙니다. 우리 조상들이 벽이며 천장 방바닥을 온통 흙으로 바르고 살아온 것은 미개해서가 아니에요. 덥고 눅눅한 장마철에는 초당 안이 쾌적합니다.

유럽은 열을 잡아두는 집열성(集熱性)이 강한 돌이나 벽돌과 시멘트로 집을 지었어요. 그런데 한반도에서 집열성 건재는 맞지 않아요. 열기와 한기를 차단하는 단열성(斷熱性) 건재가 좋습니다. 건재 가운데 단열 효과가 큰 것이 황토, 흙입니다.

다들 모여앉아 식혜를 마시며

외국엔 없는 한국만의 문화가 방 문화잖아요. 사적인 공간은 '집'이에요. 공적인 것은 퍼블릭(Public) 공공(公共)의 공간이죠. 그런데 그 중간에 '방'이라는 게 있어요. 빨래를 보세요. 사적 공간인 집에서 혼자 빠는 빨래가 있고, 동네의 세탁소라는 공적 공간에 맡기는 빨래가 있어요. 그런데 빨래방은 여럿이 가서 각자의 빨래를 해요.

컴퓨터도 그래요. 집에서 혼자 컴퓨터를 써서 글도 쓰고 웹 서핑도 하고 게임도 해요. 회사에 나가서 컴퓨터로 공적 업무를 봐요. 그런데 PC방이 또 있어요. 노래를 부르려면 집에서 혼자 부르거나 극장의 무대에서 부르는데 한국 사람들은 집도 아니고 극장도 아닌 노래방에서 노래를 제일 많이 불러요. 이런 거 보면 한국 사람들 참 묘한 사람들이에요.

이 방 문화가 하나 더 만들어낸 게 황토방이에요. 자연도 아니고 도시도 아닌 중간 지점이죠. 도시 한가운데에 만들어진 인공의 자연이 황토방. 사람들이 거기 모여들어서 쉬는 거예요. 이 '황토방'은 현재 우리나라밖에 없어요. 그러니까 중국 사람들이 보면 "야, 희한하다", 일본 사람들이 와서도 "와, 희한하다", 이렇게 감탄하고 좋아하니까 이게 외국까지 진출했어요. 황토방은 아니지만 찜질방이.

미국에도 한국식 찜질방이 있다고 해요. 아마 한국 교민이 만들었겠죠? 여기에 미국 사람도 와서 한국 사람들이 찜질방 즐기듯 즐기는 거예요. 사람들이 행복해 보여요. 이런 방에서는 반드시 먹는 게 있어요. 그러니까 처음 보는 낯선 사람들이 다들 똑같은 헐렁하고 성별 차이 없는 옷을 느슨하게 입고 한방에 앉아 같은 음식을 먹는 거예요. 그것도 자발적으로. 이렇게 글로 써놓고 보면 참 희한한 일이지 않아요? 옷이야 꼭 주는 그 옷을 입어야 해서 그렇다 쳐도 말이에요. 사람들이 찜질방 가면 꼭 하는 게 하나 더 있어요. 수건의 양 끝을 돌돌 말아가지고 '양머리'라 이름 붙인 수건 모자를 꼭 써요. 이건 규칙도 아니고 누가 시키는 것도 아니거든요. 그런데 다들 그러고 앉아서 삶은 계란을 까먹고 식혜 마시면서 놀아요. 참 묘한 문화죠, 방 문화라는 게.

공(公)도 아니고 사(私)도 아니고 참 특이한 공간이거든요. 다방, 요즘엔 커피숍, 모두 길거리와 마찬가지인 공적 장소예요. 호텔 이런 곳은 남들 눈에 띄지 않는 사적 공간이죠. 그런데 그 중간 지점이 찜질방입니다. 공적이면서도 사적인 장소예요. 뭔가 친밀한 관계를 유지하면서도 어느 정도의 선을 지킬 수 있는 곳이죠. 중간영역이에요.

찜질방에선 연인이 이마를 맞대고 잠을 자도 아무렇지 않아요. 손을 잡고 있어도 불편한 시선으로 쳐다보는 이가 없지요. 엄마가 딸이 밤늦도록 집에 오지 않자 전화를 겁니다.

"너 어디야!"

소리치다가도 "나, 찜질방인데….'하면 "응, 알았어"하고 전화를 끊어요. 그러니 그 황토방, 찜질방이 참 묘한 문화입니다.

뭔가 고민이 있고 맘속에 맺힌 게 있어 풀고 싶을 때 사람들은 황토방을 갑니다. 아스팔트에 갇혀 고향을 잃어버렸을 때 흙의 생명력, 자연의 치유력을 얻는 곳이 황토방입니다. 이런 공간을 가진 나라는 원래 우리밖에 없어요. 지금은 디아스포라로 흩어진 한국인이 해외에서 찜질방을 많이 만들었지만 말이에요. ▶찜질방

찜질방

온돌의 원리를 이용한 찜질방은 1990년대부터 40~50대 중년여성들의 휴식 공간으로 인기를 끌면서 유명해졌어요. 동창회, 계모임 후 단체로 찜질방을 찾는 것이 새 풍속도로 자리 잡은 뒤 노인과 산모는 물론, 부부와 20대 남녀까지 이용층이 넓어지면서 한국사회에 '땀 빼는 문화'가 형성됐습니다.

찜질방은 방바닥에 열 배관장치를 한 뒤 그 위에 원적외선을 방사하는 특수광석을 온돌로 깔아 만듭니다. 특수광석으로 맥섬석, 맥반석, 황토, 옥, 고령토, 흑운모 (게르마늄) 등이 있어요.

열을 가하면 온돌에서 뿜어져 나오는 원적외선의 열기가 피부 깊숙이 파고들어 혈액순환 등을 활발하게 하는 효과가 있다고 선전했어요. "찜질방은 체내 신진대사를 촉진시켜 손발저림, 관절염, 산후·병후 조리 등 특히 부인병 치료에 도움이 된다"는 게 업계 관계자들의 주장이죠.

찜질방은 대부분 실내온도를 조금씩 다르게 한 3~4개의 방을 갖추고 있으며 규모는 40~50평 정도죠. 안타깝게도 코로나19 여파로 많이 문을 닫았습니다.

4부 | 땅에서 얻은 말로 세상을 다듬다

흙냄새 나는 문명의 꿈

그러니까 한국인에게 흙이란 무엇인가요.

바이오스피어란 어떤 의미인가요.

우리가 흔히 '신토불이(身土不二)'라고 하는 그것이에요.

우리 몸이 바로 흙입니다.

흙은 나와 같아요.

내가 한때 농협중앙위원회 회장을 했어요. 그때 만들어 준 말이 하나 있어요.

'농도불이(農都不二)'. 도시 사람들은 전부 흙이 뭔지도 모르니,

'농촌과 도시가 하나'라고 좀 더 구체적으로 말해주려는 거였죠.

이 아스팔트와 콘크리트 돌멩이에 질식당하고 죽어가는 도시인들을

농촌의 흙이 좀 구해달라는 이야기였어요.

1장   채집시대의 기억

\#   흙에서 캐낸 음식, 세계의 주목을 받다

'농촌이 도시를 구해 달라'라고 내가 말한 이유가 있어요. 최근 신문을 보니 미국 뉴욕의 동네마트 신선식품 진열대에 'KIMCHI'라고 이름이 적힌 제품들이 진열돼 있더군요. 코로나19가 몰고 온 발효식품 재평가로 '진짜 한국식 김치'를 맛보고 싶어 하는 현지 소비자들이 늘고 있다고 해요. 김치가 한류(韓流) 덕을 보는지, 한류가 김치 덕을 보는지 모르지만, 김치는 더는 한국만의 전통음식이 아닙니다. 세계인의 음식이 되었어요.

도시인들이 흔히 먹는 초(超)가공식품은 사실 건강에 그리 좋지 않지요. 서구에서는 신선한 음식, 특히 흙에서 키운 채소 중심의 식습관으로 바꾸려고 노력하고 있어요. 하지만 이걸 실천하기가 다들 무척 어렵다고 해요.

그런데 이미 전 세계에서 한국 사람들이 채소를 가장 많이 먹습니다. 참 놀라운 거예요. 김치니 뭐니 우리 밑반찬이 전부 채소거든요. 흙에서 나물 캐서 반찬으로 먹던 그 문화가 지금 세계의 주목을 받고 있어요.

나물 캐러 다닌 시절

내가 어렸을 때는 정말로 우리 누님과 함께 나물 캐러 다녔어요. 쑥과 같은 나물은 하나님이 거저 주신 것이지 인간이 재배한 것이 아니죠. 그러니까 나물 캐기는 채집이에요.

사실 한국 사람들 곁에 있는데, 그게 뭔지를 몰라서 못 찾아 먹는 것일 뿐, 우리는 나물 문화를 가지고 있어요. 콩나물 같은 것은 인간이 재배하기도 하지만 나물의 기본은 산채(山菜), 즉 인간이 가꾼 것이 아니라 산에서 그저 자라는 거예요. 정작 한국 사람들이 이걸 몰라요.

서양 사람들이 김 먹는 것을 본 적이 있나요? 서양 사람들은 원래 김을 먹지 않아요. 요즘은 김도 양식 재배를 하지만 본래 김은 인간이 씨를 뿌려 재배하는 것이 아니라 바다, 자연에서 그저 발생한 것을 우리가 뜯어 먹는 것이었거든요. 동양인만 김을 먹어요. 채집 문화, 나물 문화가 여전히 이어지고 있는 거죠. K-푸드 하면 빠질 수 없는 것이 김입니다. 동남아에선 김이 아예 과자 취급을 받고 있다고 해요. 태국에선 한국산 김을 수입

해 태국 브랜드의 김 과자를 만들어 해외로 수출하고 있습니다. 김을 새로운 눈으로 보기 시작한 것은 동남아뿐만이 아닙니다.

20세기까지만 해도 한국인, 일본인이 김 먹는 모습을 미국이나 유럽에선 이상한 눈으로 바라봤습니다. 태운 종이, 혹은 검정색 마분지를 먹는 외계인쯤으로 취급했어요. 그러나 김의 위상은 완전히 바뀌었죠.

유럽이나 미국을 비롯한 서양과 중동에서 김이 건강식품으로 인기가 높고 그래서 '슈퍼 블랙푸드'라는 찬사까지 듣고 있습니다. 이제는 21세기 식품산업에서 '황금알을 낳는 검은 반도체'라는 말이 나올 정도로 김과 김밥이 하나의 문화 트렌드가 되었어요.[8]

샐러드로 대표되는 서양의 야채 요리는 모두 재배된 식물로 만들어져요. 허브와 같은 향신료조차 그들은 정원의 한쪽에서 따로 재배하죠. 그러나 한국을 보세요. 쑥도 비닐하우스에서 재배해서 판다는 세상이지만 그래도 봄날의 시골 장터에 나가 보면 밭둑이나 산에서 직접 채취해온 나물을 파는 할머니들이 시장에 좌판을 펴고 앉아 있고, 우리는 그 나물을 사다가 집에서 반찬을 만들어 먹어요. 서양의 샐러드와는 전혀 다르죠. 우리의 생활 속에 채집의 흔적이 여전히 남아 있는 거예요.

---

8 참고: 윤덕노(음식문화 평론가), "발상의 전환이 만든 기적, 김과 김밥의 무한 변신", 《한국외식신문》, 2020년 6월 10일 자.

\#   채집 시대에는 게으른 사람이 좋은 사람입니다

그런데 채집 시대에, 부지런한 사람과 게으른 사람 중 어느 쪽이 칭찬을 받았을 것 같아요? 지금의 상식으로는 부지런한 사람이 칭찬을 받았을 것 같지만, 아니에요. 농경 시대에 부지런한 사람이 자기 논과 밭을 열심히 경작해서 많은 수확을 얻는 것은 칭찬받을 일이었겠지만요. 채집 시대를 생각해보세요. 농경은 작물을 기르는 일이 주가 되지만, 채집 시대에 인간은 작물을 수확만 할 뿐 기르는 행위는 전혀 하지 않았어요. 기르는 것은 오직 하나님이 하시는 일이죠. 그러니까 뒷동산에 주어진 사슴은 몇 마리밖에 없어요. 인간의 노력과 관계없이 이미 주어진 것이죠. 그런데 부지런한 사람이 있어 남들이 놀 때 그 사슴을 전부 잡아먹었다면 어떻게 되겠어요? 다른 사람은 굶을 수밖에요.

부지런한 것은 우리가 직접 생산에 참여할 때나 그러라는 이야기예요. 고사리든 뭐든, 하나님이 주신 것은 똑같으니 그것을 다 함께 나누어 따 먹어야 하는데 부지런한 사람이 있어서 새벽까지 막 따서 자기가 먹고 남은 것을 저축하면, 저축하는 사람이 나쁜 사람이죠. 그러니까 옛날 채집 시절에는 게으르고 저축하지 않는 사람이 그 공동체에게 굉장히 사랑받는 사람이었다는 이야기예요. "너 착한 애야"라는 칭찬도 받았을 겁니다.

요즘은 노름해서 지면 그 사람의 돈을 빼앗지만, 옛날에는 일을 아예 못 하도록 도구를 빼앗았어요. 그 사람이 일을 못 해야 그만큼의 배분이 나에게 돌아오니까요. 우리 생각의 패러다임을 완전히 뒤집는 이것은 마셜 살린스(Marshall Sahlins · 1930~2021)의 《석기시대 경제학》[9]에 나오는 이야기입니다. 옛날 사람이 혼자 벌어서 몇 사람이나 먹여 살렸을 것 같아요? 대개 두 사람, 세 사람 정도고 나머지 사람들은 자기가 먹을 것을 직접 다 채집해 왔어요.

채집인의 삶

현대인은 흔히 수렵 채집인의 삶이 고달플 것으로 생각합니다. 돌도끼를 들고 야생동물과 쫓고 쫓기는 추격전을 벌이는 구석기 시대를 떠올려 보세요.

그런데 우리가 생각하는 것처럼 수렵 채집인의 삶이 우울한 것이었을까요? 어느 인류학자의 묘사처럼 짐승들을 쫓아다니고 딸기밭을 찾아 여기저기 옮겨 다니는 데 일생을 소비하는, 짐승이나 마찬가지인 삶을 살았던 것일까요? 마셜 살린스는 "적어도, 멀지 않은 과거에는 그렇지 않았다"고 말합니다. 수렵 채집인은 현대인이 생각하는 것보다 '훨씬' 풍요로웠다는 것이죠. 풍요로움이란 뭘까요? 규정하기에 따라 그 의미가 매우 달라집니다. 더

---

9 한울아카데미, 2014. 원제 《Stone Age Economics》

많이 생산하면 풍요로워질 수 있고, 덜 원함으로써 풍요로워질 수도 있어요. 전자가 시장경제에서 이야기하는 풍요로움에 가깝다면, 후자는 수렵채집민의 삶에서 나타나는 풍요로움에 가깝습니다. '문명화된' 관찰자들은 수렵 채집인이 수중의 모든 물건을 즉각 소비해버리는 것을 보고 "그생각 없는 낭비벽"을 개탄하지만, 수렵 채집인은 희소성이라는 강박관념에서 벗어난 존재들이었어요. 심지어 힘겨운 노동의 원죄에서 벗어난 존재들이었죠. 그러니 이들은 일관되게 풍요로울 수 있었다고 합니다.

원함이 없으면 부족함도 없는 법이 아닌가요? 수렵 채집인은 경제적 가능성을 충분히 사용하지 않았습니다. 다시 말해 열심히 일하지 않았죠. 수렵 채집인은 그들의 주변에 널려 있는 것만으로도 충분히 식량을 얻고 도구를 만들 수 있었어요. 따라서 잉여나 여분을 가지는 일은 귀찮은 일이었어요. 이들은 아무것도 가진 것이 없기에 빈곤하다고 생각할 수 있지만, 그렇기에 자유로웠습니다.

실제로 마셜 살린스가 생각하는 수렵 채집인은 거의 일하지 않는 존재들입니다. 노동시간은 길어야 하루 4~5시간에 지나지 않았고 남은 시간은 휴식과 수면으로 채웠어요. 노동시간이 짧다고 해서 빈곤한 것도 아니었습니다. 그들은 현대인 못지않게 다양한 식단으로 충분한 열량을 섭취했을 것으로 추정합니다.

어떻게 이런 일이 가능했을까요? 수렵 채집인은 인근의 식량 자원이 고갈되면 식량을 찾아 다른 지역을 향해 떠납니다. 우리에게는 고되게 보이는 이동이지만, 그들에게는 소풍을 떠나는 것과 마찬가지였을 거예요. 이 '게으른 여행자'가 도착한 새로운 지역은 식량을 안정적이고 규칙적으로 제공해주었겠죠. 게다가 이들의 인구는 자연이 마련해놓은 훌륭한 창고의 혜택을 풍족하게 누릴 수 있을 만큼 적절했어요. 다시 질문드립니다. 수렵 채집인의 삶이 고달팠을까요? 마셜 살린스는 말합니다.

"우리의 조상은 노동의 원죄에서 벗어난 자유인입니다!"

인류를 먹여 살린 영웅, 할머니

그러면 제가 질문 하나 할까요? 채집 시대 때 가장 경쟁력 있는 자가 누구였을까요?
아프리카의 수렵 채집민인 하드자족 예를 든다면 가장 많은 식량을 구한 이는 놀랍게도 노파들이었다고 하죠. 그것도 뼈와 가죽만 남은 노파들…. 미국의 저명한 인류학자이자 영장류학자인 세라 블래퍼 허디(Sarah Blaffer Hrdy · 1946~)의 《어머니, 그리고 다른 사람들》[10]에 따르면, 어디

---

10 에이도스, 2021. 원제 《Mothers and Others: The Evolutionary Origins of Mutual Understanding》

서 음식을 구해서 먹이는 할머니와 이모할머니가 있으면 아이들은 풍족한 영양을 공급받아 잘 자랄 수 있었다고 합니다. 이 할머니가 바로 내가 비유로 늘상 이야기하던 '꼬부랑 할머니'예요.

할머니의 무조건적 사랑 내지 희생, 무엇보다 손주에 대한 아낌없는 사랑은 비단 우리나라만의 이야기는 아닐 겁니다.

채집 시대 때 남성과 여성의 역할을 따져보면 남성은 식량을 구하러 장거리 여행을 떠나거나 사냥 혹은 싸움으로 다치거나 죽는 경우가 종종 발생했어요. 여성 입장에선 먹고사는 문제를 남성에게 전적으로 의존할 수 없는 이유였죠.

그러니 때로 스스로 살아갈 궁리를 해야 했고 예고 없이 찾아온 기근이나 추위, 풍수해 같은 자연재해는 물론 보릿고개 같은 불가피한 식량난까지 대비해야 했어요. 이럴 때 가족 내지 집단 내에 모계 친척 여성, 즉 어머니, 외할머니, 이모할머니의 존재가 아이들의 성장과 생존에 커다란 영향을 끼쳤음을 예상할 수 있어요.

한편, 수렵 채집인들은 사냥감을 집단 전체와 나눠 가졌다고 해요. 그러나 남성의 채집(사냥)만으론 집단이 필요로 하는 칼로리의 절반도 채울 수 없었다고 하지요. 그럼 나머지는 어떻게 메웠을까요? 여성, 무엇보다 할머니의 비중이 커질 수밖에요. 또 일부 남성은 일부일처(一夫一妻)에 만족하지 않았을 겁니다. 뒤집어 말하면 여성 역시 부성(父性)의 지원이 불확실한 남성과도 짝을 맺었던 거지요. 결국 여성 스스로 남성의 빈 자리를 어떤 식으로든 메워야 했는데 '대행 부모' 내지 '돌봄 공유'의 형태에 가장 적합한 존재가 할머니이고 장수하는 할머니는 '인류의 에이스 카드'였지요.

세라 허디의 이런 시각은 내가 이야기하는 '꼬부랑 할머니'와 일맥상통합니다. 남자들이 채집이나 사냥을 해오면 누가 요리해요? 여자는 애 낳고 키우면서 자연히 집에 있게 되잖아요. 불을 다루는, 부지깽이를 든 여자가 바로 인류 최초의 요리사, 즉 꼬부랑 할머니죠.

헤겔은 '최초의 전사(戰士)', 즉 남성이 역사를 만들었다고 하지만 내가 볼 때 아닙니다. 최초의 역사를 만든 이는 전사 혹은 싸움꾼이 아니고 부지깽이를 든 여성, 꼬부랑 할머니입니다.

다른 영장류와는 구별되는 이런 인간의 '협동 육아'가 진화사에 큰 변곡점을 만들었고, 세라 허디의 표현을 빌리자면 타인의 마음을 읽는 행위, 공감하고 협력하는 태도, 나눔과 같은 '상호 이해(Mutual Understanding)'를 하게 되었지요.

이런 관계 속에서 점점 현실의 어려움이나 닥쳐올 고난을 '준비'하고 '대비'할 수 있었어요. 그러면서 인류는 자기 자신을 바라보게 되고 '지금 우리는 어디에 있고, 어디로 가고 있으며, 나는 그리고 우리는 누구일까'를 질문할 수 있게 되었지요.

모성에 대한 오해

인류의 역사에서 모성애는 자연스러운 것입니다. 모성애는 여성의 본성이거나 본성의 일부라고 바라봤어요. 여자가 되고 엄마가 되는 일은 다른 일이 아니었으니까요. 물론 여기에 '성적으로 수줍고 정숙한 여성과 자기희생적인 모성'이라는 남성 중심의 편견이 존재한다고 해도 말이죠. 임신한 여성은 미래 자녀에 대한 기대, 상상, 두려움을 갖는다고 하죠. 그러면서 점점 자신의 태(胎) 안에 '정서적 보금자리'를 형성해 간다는 해요. 그런 심리가 모성이라는 강렬한 열망을 만듭니다.

모성애는 그 자체로 고유한 가치가 있었어요. 남자가 출산 과정에 참여하는 것을 금지하는 아프리카 부족이 지금도 있다고 해요. 인간 수태(受胎)를 신성한 일이라고 생각해 남자가 끼어들면 안 된다고 생각한 것이죠.

고대 그리스에는 다산(多産)의 여신이 존재한다고 믿었고, 르네상스 시대에는 아기 예수를 안고 있는 성모상 앞에 기도하는 것을 당연한 일로 여겼습니다. 지금도 그런 전통이 이어지고 있지요. 살아가며 간절히 바라는 평화와 안식, 위로, 불행의 맞섬을 여성, 특히 모성의 본질 중 하나로 바라보는 것이죠.

과거 우리나라 여성이나 제3세계의 특정 문화권, 예컨대 아프리카의 여성들은 자신의 아이를 세 살이 넘도록 업고 다니며 생활하는 모습을 흔히 볼 수 있었어요. 아이가 자라 독립심이 생길 때까지 지키고 보호해야 할

의무라고 여겼던 겁니다.

인류학자 세라 블래퍼 허디는 인류사에서 여성의 지혜로움에 주목했어요. 영아 살해를 하려는 '나쁜' 수컷들로부터 '금쪽같은' 자식을 지켜내고자 어머니 암컷은 기꺼이 부성을 교란시키고, 경쟁 관계인 다른 암컷들과 혈투를 마다하지 않은 '이브의 선조들'에게 찬사를 보냅니다. 심지어 "'야망'을 지닌 여성과 '좋은' 어머니가 양립할 수 있었다"고 봤어요. 자식들을 위해서라면 기꺼이 '희생적이고 순종적'인 여성상을 버릴 수 있고 그것이 진정한 '엄마 노릇'이라고 바라봤습니다.

80초 메시지 – 어머니의 발

내가 《이어령의 80초 생각 나누기》(2014)라는 책에 쓴 글입니다. ▶짧은이야기, 긴생각

얼굴은 좀 험악하게 생겼지만 공부는 잘하는 사람이 있었어요. 취직시험을 보면 지필시험이나 서류 심사에는 늘 통과를 하는데 면접만 보면 떨어지는 거예요. 떨어지고 떨어지고, 마지막이다 생각했던 회사에서 또 떨어졌어요. 그러자 이 사람이 그 회사의 사장을 붙잡고, 이렇게 말합니다.

"사장님, 회장님. 제게 홀로 늙으신 어머님이 계십니다. 제가 시험에 또 떨어지

면 저희 어머니가 죽습니다. 제발 좀 제 사정을 봐서 따로 면접을 봐주세요.”
애원을 하자 그 사장이 그 구직자의 얼굴을 가만히 보더니 말합니다.
“혼자 사는 노모가 계셔?”
“네, 예전에 청상과부가 되셔서 저 하나를 보고 여태 키우셨는데, 제가 이제
어머니를 봉양해야 할 것 아닙니까.”
“그래? 그러면 오늘 가서 어머니의 발을 씻겨드리고 오게. 그러면 내일 자네
에게 다시 면접 기회를 주겠네.”
이 젊은 구직자가 그 말을 듣고 집에 돌아가니 어머님이 이렇게 말해요.
“너, 취직은 됐냐.”
“아니요, 그런데 희망이 하나 생겼어요.”
“뭔데?”
“어머니 발을 씻겨 오면, 내일 재면접을 보게 해주겠대요. 사장님하고 단둘
이서 따로 또 한 번 면접을 보게 해주겠대요.”
그러자 어머니는 반색하며 말합니다.
“애, 그거 어렵지 않다. 대야 갖다 놓고 얼른 씻겨라. 취직만 된다면 씻겨라.”
참 이상하지 않습니까? 요즘 아이들 말로 변태라고 해도 할 말이 없지요. 무
슨 발을 씻기라고 합니까? 그래도 그 모자는 절박하니까 사장이 시킨 대로
해요. 한데 어머니가 씻겨달라고 양말 벗고 내놓은 발을 보는데 아들은 기가
막히는 거예요. 그 발이 사람 발이 아니에요. 청상과부가 되어 어린 아들을
키우느라고 어머니가 그 발로 평생 얼마나 걸어 다녔겠어요. 땅을 얼마나 디

디고 다녔겠습니까. 그러다 보니 새끼발톱은 무지러져 까맣게 죽었고, 발등은 거북이 잔등처럼 갈라졌어요. 아들도 어머니가 고생했다는 것은 알고 있었지만, 실제로 그 발을 자기 손으로 잡아보니 눈물이 그냥 쏟아져요.

'이게 사람의 발이냐. 어머니가 나를 위해서 몇천 리를 걸으셨냐. 이게 어머니의 사랑이구나.'

어머니의 발을 씻겨준 아들은 그다음 날 그 회사로 다시 찾아갑니다. 구직자를 기다리고 있던 사장이 물어요.

"어머니의 발을 씻겨드렸나?"

그러자 아들이 대답을 합니다.

"네. 사장님께서 제게 어머니를 찾아주셨습니다. 저는 말로만 어머니를 사랑했지, 어머니의 발을 씻겨드리면서 비로소 어머니가 나에게 어떤 어머니인가를 알았습니다. 정말 좋은 것을 가르쳐주셨습니다. 저 취직 안 해도 됩니다. 감사 인사를 드리러 왔으니 이만 가겠습니다."

사장이 등을 돌린 그 구직자를 붙잡습니다.

"여보게 이리 와, 자네 지금 면접 합격했네. 내일부터 와서 일하게."

이 이야기를 80초 메시지에 썼더니 어떤 사람이 와서 저한테 그래요.

"이 선생, 역시 당신 옛날 사람이오. 요즘 그런 발을 가진 어머니 없어. 그러니 그런 걸로는 면접 통과 못 하고 취직 못 해."

177

땅속의 용이 올 때

짧은 이야기, 긴 생각

[엮은이의 말] 이어령 선생은 칫솔질 하는 시간, 구두끈을 매는 시간, 엘리베이터 앞에서 기다리는 시간, 커피 한 잔 마실 수 있는 자투리 시간 정도인 '80초'에 주목했습니다. 그래서 짧지만 천천히 '생각'하는 즐거움을 주는 글을 쓰곤 했습니다. 아프거나 미쳐야 한다고 강요하는 시대에 경종을 울리는 이야기였습니다. 예컨대 선생은 '여섯 모난 연필로 나의 인생을 쓰라'고 했습니다. 둥근 연필은 구르기 쉽습니다. 책상에서 떨어지면 그 심이 부러지고 맙니다. 구르지 않게 하려면 사각형이 제일 좋습니다. 하지만 손에 쥐기 불편합니다. 선생은 말합니다.

"구르지 않고 손에 잡기도 편한 것이라면 원과 사격형의 중간, 여섯 모난 연필이 가장 좋습니다."

그러고 보니 예나 지금이나 여섯 모로 된 연필이 제일 많습니다. 둥글둥글하면 원만해 보일지라도 자기주장이 없습니다. 자기주장만 하면 모가 나서 세상 살기 힘듭니다.

"네모난 연필도 아닙니다. 둥근 연필도 아닙니다. 여섯 모난 연필로 나의 인생을 써가십시오."

2장   언어의 마술사, 혹은 창조인

인간의 창작 능력과 괴테의 삶

인간의 창작 능력과 나이는 상관관계가 있을까요?
《파우스트》에서 괴테(1749~1832)는 악마 메피스토펠레스의 입을 빌려
"노력하는 한 방황한다(Es irrt der Mensch, Solang er Strebt)"라고 말했지요.
괴테는 평생을 방황하며 창작의 끈을 놓지 않았어요. 한국 나이로 84세에
세상을 떠났습니다. 83세 때 인류의 유산(遺産)인《파우스트》2부를 완성
했고요.
괴테는 자신이 겪은 '방황'의 의미를 최종적으로 이렇게 규정했습니다.

"영원히 여성적인 것이 우리를 구원한다.(Das Ewig-weibliche, Zieht uns
hinan.)"

정확한 의미의 행간은 이해하기 어렵지만, 어렴풋이 잡히는 무언가가 있어요. 그것은 사랑을 찾고 갈구하는 마음이 아닐까 생각해 봅니다. 예컨대 68세 때인 1816년 괴테는 아내 크리스티아네를 잃었어요. 외아들 아우구스트도 여행지 이탈리아에서 객사(1830)하고 말았습니다.

아내와 사별한 지 몇 년 후 19세의 처녀 울리케 폰 레베초를 만나 사랑에 빠지기도 했어요. 이 사건을 계기로 나온 작품이 《마리엔바트의 애가(哀歌)》(1823)죠. 그의 나이 75세 때로, 두 사람 사이에는 무려 56년의 생물학적 시간차가 존재했어요.

괴테는 이후에도 많은 시를 쓰고 소설을 발표했는데, 평생에 걸쳐 완성하고 자신의 인생 여정을 소설로 완결한 《빌헬름 마이스터의 편력시대》(1821)와 《파우스트 제2부》(1831 · 1부는 60세 무렵에 발표)가 대표적인 말년 작품들이죠.

괴테는 《파우스트》를 탈고한 후 이렇게 말했습니다.

"이제부터 나의 삶은 고스란히 선물 받은 것이네. 그러니 이제는 뭘 하든지, 하지 않든지 간에 같은 것이지."

1832년 3월 16일, 가벼운 감기로 자리에 누운 괴테는 3월 22일 자신의 평생 벗 실러와 가지런히 바이마르에 묻혔습니다. 그가 마지막으로 한 말은 "더 빛을⋯."이었다고 하죠.

유럽인의 평균 수명은 14세기 영국인 38세, 17세기 유럽인 51세, 18세기 유럽인 45세, 19세기 유럽인 65세, 20세기 유럽인 76세라고 합니다. 괴테는 당대 유럽인의 평균 수명보다 아주 오래 살았음이 분명합니다. 오래 살았으니 늦게까지 작품을 쓸 수 있었지만 자유롭게 '방황'하며 사랑을 갈구했어요. 갈구한 대가는 늘 기쁠 수 없었고 때로 참혹했으나, 긴 여정의 과정이라 생각하며 평생에 걸쳐 소설을 완성할 수 있었습니다.

　　60년 넘게 글쓰기를 멈추지 않는 비법

　　나는 일제 시대에 초등학교를 다녔고, 초등학교 6학년 때 해방을 맞았습니다. 그 시대를 제법 선명하게 기억하고 있는 사람이지요. 또 23~24세, 대학 4학년 때부터 글을 쓰기 시작해 평생을 글을 썼어요. 이렇게 오랫동안 글을 써온 사람이 주변에도 없는 것 같아요.

이렇게 꾸준히 오랫동안 글을 써온 사람을 어디서 구해 오겠어요. 전 세계에 없어요. 앞서 얘기한 괴테만이 23세에 글을 쓰기 시작해서 83세까지도 현역으로 글을 썼죠. 실력이 나보다 나은 사람이 있지만 이렇게 재수 좋은 사람이 많지가 않거든요.

그러니까 내가 잘나거나 지식이 특별히 많아 강연하고 글 쓴 게 아니에요. 단지 해방 이후 70여 년간 다양한 시대상을 직접 경험하면서 그 경험을 글로 꾸준히 옮긴 사람이기 때문에 그런 거지요.

제가 어렸을 때 누님과 나물 캐러 다닌 게 '채집 시대'를 경험한 것 아니겠어요? 오래전 '산업화는 늦었지만 정보화는 앞서가자'면서 산업 사회에서 '정보화와 디지로그'에 관한 글을 쓰고, 후기 정보 사회인 요즘에는 '빅데이터'에 관한 글을 썼지요. ▶ 이어령이 꿈꾼 빅데이터 세상

그러니까 인간의 한 생애 속에서 누님 쫓아 나물 캐던 채집 시대를 거친 소년이 후기 정보 사회의 빅데이터 강연을 하는 사람은 전 지구상에 나 하나뿐인 거예요.

이어령이 꿈꾼 '빅 데이터' 세상

[엮은이의 말] 이어령 선생은 2013년 10월 8일 서울 삼성동 코엑스 콘퍼런스센터 그랜드볼룸에서 개최된 '2013 데이터베이스 그랜드 콘퍼런스'에 참석해 기조 강연을 한 적이 있습니다.

이 행사는 미래창조과학부가 주최하고 한국데이터베이스진흥원(이하 한국DB진흥원)이 주관한 큰 행사였습니다.

이어령 선생은 '데이터-정보-지식-지혜 모델의 새로운 판짜기'라는 주제 강연에서 빅 데이터 세상을 아프리카 생명체의 보고(寶庫)인 '세렝게티'에 비유합니다. 탄자니아 세렝게티평원에 있는 세렝게티 국립공원은 초식동물과 포식자들이 세계 최대 규모로 군집을 이루며 서식하고 있는 곳입니다.

당시만 해도 데이터의 중요성이 뭔지는 알아도 어떤 인프라가 필요하고 어떤 분
야를 개척해야 할지 막막하던 시대였습니다. 선생의 말입니다.

"최초의 인간은 지식, 정보 없이 지혜로서 탄생했지만, 교육에 의한 지식 축척으
로 지혜를 상실하고 말았습니다. 그리고 정보화가 지속되면서 정보 속에서 지식
을 잃어버리게 되었습니다.

하지만 정보의 시대가 가고 데이터 시대가 오면서 데이터는 정보, 지식, 지혜 순
으로 삶을 거꾸로 찾아가는 전환점이 됐습니다. 구글, 아마존, 페이스북, 트위터
등이 등장하면서 '가면무도회'는 끝이 났습니다.

'ID'로 대표되는 초기 익명의 IT 시대가 얼굴을 내밀며 관계를 형성하는 문화로
변화하면서 지구촌 80억 명, 살아있는 생명체로부터 데이터가 쏟아지기 시작했
습니다. 데이터는 누구도 모르는 것을 합체해보면 누구도 알 수 있는 솔루션이
되는 시대입니다.

데이터는 누구도 모르는 '세렝게티'입니다. 키보드가 없는 태블릿PC가 등장하
면서 의료 산업이 발전했습니다. 환자의 정보를 의사만 보유하던 것이 환자에게
함께 공유하고, 소통함으로서 원격 진료도 가능케 해 의료시장의 변혁을 이끌었
습니다. 데이터베이스는 라이프베이스며 이는 오늘날 우리가 나눠야 하는 가치
입니다."

\#   마음에 드는 별명

과거를 이렇게 돌아보면, 내가 무슨 세대에 속하는 사람인지를 따져보게 됩니다. 처음에는 천자문을 읽었어요. 학교에 가서 한글을 체계적으로 배우기 이전에 일본어를 철저히 배워야 했죠. 그곳은 한국어를 쓰면 벌을 서던 세계였어요. 6학년이 되어서야 비로소 한국어를 자유롭게 읽고 쓰게 된 사람이 지금은 언어를 다루는 문필가가 되었어요. 한글 세대가 된 거죠.

한때는 사람들이 내가 우리말로 감동을 준다고 해서 '언어의 마술사'라고 불렀는데 내가 붙인 말이 아니에요. 다른 별명도 몇 개 있는데 '창조의 아이콘' '창조적 지성', 그리고 뭐…. '한국 대표 지성'.

남들이 칭찬의 의미로 붙여준 것이지만 솔직히 하나도 안 맞는 이야기라고 생각해요. 그러니 별명이지요. 난 그런 별명이 싫어요. 대신 "부르려면 크리에이터(Creator)로 불러다오" 하지요. 창조인, 생각하는 사람(Thinking Man)이라고 부르는 게 내가 제일 바라는 것입니다.

광복 이후 다른 나라들이 200년 걸려도 하지 못한 산업문명의 모든 것을 우리는, 한국은 불과 몇십 년 안에 다 치러야 했습니다. 범람하는 산업화의 물결, 급변하는 문명의 충돌 그 사이사이, 고비고비마다 굵직한 문제와 마주했지요. 돌이켜 보면 내가 창조력을 발휘할 기회는 그 변화의 순간들에 참여하는 데서 나왔어요.

20대에는 '우상의 파괴와 저항의 문학', 30대에는 '흙 속에 저 바람 속에'로 대표되는 한국문화론, 40대에는 일본문화론인 '축소 지향의 일본인', 50대에는 88서울올림픽 슬로건 '벽을 넘어서', 60대에는 '산업화는 늦었지만 정보화는 앞서가자', 70대에는 아날로그와 디지털의 접목을 말하는 '디지로그', 80대에는 '생명이 자본이다'라는 키워드를 던졌습니다. 그리고 마지막 '눈물 한 방울'을 키워드로 책을 쓰기도 했지요. ▶우물을 파는 사람의 눈물 한 방울

생각해보세요. 세계의 다른 어떤 문필가와 교수가 만 년 동안 살아야 경험할 수 있는 인류 문명의 전 과정을 80여 년 한평생 동안 모두 체험하고 또 참여할 수 있겠습니까.

'우물을 파는 사람'의 '눈물 한 방울'

[엮은이의 말] 이어령 선생은 평소 "나는 우물을 파는 사람이지 우물물을 마시는 사람이 아니다"고 말했습니다. "문학이든 신앙이든 지적 호기심과 상상력을 가지고 우물을 파듯이 판다"고 했어요. 언제까지? "물이 나올 때까지" 말이죠. 선생의 말입니다.

"어른들은 늘 한 우물을 파라고 했지만 나는 거꾸로 여기저기 새 우물을 파고 다녔습니다. 이곳을 파면 물이 나올까 하는 호기심과 궁금증이 바로 나의 갈증이

었던 겁니다.

그래서 우물을 파다가 작은 물방울만 비쳐도 나는 금시 또 다른 갈증을 찾기 위해 그 자리를 떠나야 했지요. 그것이 나의 글쓰기이고 여기저기 전전해 온 내 직업들입니다."

이렇게 해서 수없이 많은 책들이 세상에 빛을 볼 수 있었어요. 책들 하나하나가 삶에 대한, 진리에 대한 이어령의 갈증인 셈입니다. 그러나 그러한 책들이 그 목을 축여 갈증을 없애준 적은 한 번도 없었다고 해요. 그건 빈 두레박과 마찬가지였어요. 두레박은 비어 있기 때문에 다시 물을 찾기 마련이었어요.

"파다 만 나의 우물을 더 깊이 파서 더 많은 우물을 길어 내는 일은 타자의 몫입니다. 나에게는 그저 땅을 팔 곡괭이만 있으면 족합니다."

이어령 선생은 《빵만으로는 살 수 없다》(2011)는 책의 개정판을 내면서 책 제목을 《의문은 지성을 낳고 믿음은 영성을 낳는다》(2017)로 바꾸었습니다. 그러면서 '의문과 믿음의 문지방 사이에서 아직도 방황하고 있는 내 마음'이라고 썼어요. 선생은 평생 '우물을 파는 사람'이자, 동시에 의문과 믿음 혹은, 지성과 영성의 '문지방 위에 서 있는 사람'으로 살았습니다.

한편 이어령 선생은 '눈물 한 방울'을 마지막으로 이 시대에 남기고 싶다고 말하기도 했습니다. 다음은 그가 《이어령, 80년 생각》(2021)에서 밝힌 육성입니다.

"인류 역사상 가장 오래되고 널리 알려진 문학작품이 호메로스의 《일리아드》와 《오디세이》야. 영웅들의 전쟁 이야기인데 핏방울이면 몰라도 눈물 한 방울이리니 누가 그 말을 곧이 믿겠어. 하지만 사실이야. 《일리아드》는 자신이 싸워서 얻은 여인 브리세이스를 아가멤논 총대장이 차지한 것에 분루를 흘리며 어머니 테티스에게 억울함을 호소하는 아킬레스의 눈물로 시작해.

아킬레스만이 아니라 적진 트로이의 프리아모스 왕 역시 죽은 아들 헥토르에 대한 슬픔과 무상함을 아킬레스에게 눈물로 호소하지. 그 눈물의 힘으로 시체를 인도받고 함께 싸움을 멈추고 성대한 장례식을 치르는 장면으로 끝이 맺어져.

눈물로 치면 우리가 그리스보다 선진국이지. 펄 벅이 한국에 와서 거문고 산조를 듣고 했던 말이 있어. '저건 악기 소리가 아니라 사람이 울음을 참으며 흐느끼는 소리다'고 했지. 그런데 우리는 그 한(恨)을 푸는 쪽으로 눈물을 흘렸잖아. 표현이 이상하지만 소비적인 눈물이었던 거지. 한은 푸는 것보다 품을 때 생각과 창조의 원동력이 될 수 있어."

이어령 선생은 "자신을 위한 눈물은 무력하고 부끄러운 것이지만 나와 남을 위해 흘리는 눈물은 지상에서 가장 아름답고 힘 있는 것"이라고 말했습니다. '눈물은 사랑의 씨앗'이라는 대중가요가 있지만 '눈물은 희망의 씨앗'이기도 한 것이죠. "인간을 이해한다는 건 인간이 흘리는 눈물을 이해한다는 것과 다르지 않다"는 것이 선생의 지론이었습니다.

한국인의 생명이 깃든 언어를 찾아서

한국 사람은 사랑하는 사람에게 절대 '나는 당신을 사랑합니다'라고 고백하지 않아요. 서양 사람은 내(I)가 너(you)를 사랑(love)한다고 말하는데, 그 말을 하는 순간 사실은 벌써 사랑하는 것이 아니에요. 사랑하면 너와 내가 하나, 한 몸이 되는 건데 나와 너를 따지는 순간 사랑하는 것이 아니게 되는 거죠. 그러니까 우리는 그냥 "사랑해" 이러지 "내가 너를 사랑해" 이렇게 말하지 않아요.

사랑 고백할 때 남편은 아내에게 "사랑해"라고 해요. '나, 너'를 빼고 그냥 "사랑해". 사실 그것도 상당히 발전한 거예요. 원래 한국 사람들은 진짜 사랑해서 구혼할 때 "사랑해"라는 말 대신 "니캉 내캉 함께 살자"라고 말했어요. 참 좋은 말이죠. 너와 내가 함께 살자! 살자는 건 생명을 말하는 거잖아요.

그러니까 내가 평생 동안 글을 쓴다는 건 그런 말을 찾는 거였어요. 만드는 것이 아니라 찾는 것!

그러고 보면 감정을 표현하는 방식이 사람마다 다 달라요. 그러니 찾는 과정이 어렵지요. 어렵지만 즐겁기도 하고요.

이런 농담이 있죠. 경상도 사투리로 '너를 사랑해'를 어떻게 말할까? 답은 "내 디져도 그런 말 몬 한다." 전라도 사투리로 '너를 사랑해'는 "거시기 혀!", '널 죽도록 사랑해'는 "오메 거시기 혀!". 또 다른 버전으로 "니가 오

살나게 좋아브러". 충청도 사투리로는 "임자밖에 없서" 혹은 "꼭 말루 허야
하남"이죠.

또 충청도 사람이 기분이 좋을 때 하는 말은 "뭐여…", 기분 나쁠 때는
"뭐여!", 그리고 짜증 날 때도 "뭐여!!"라고 한다나요.

같은 의미라도 쓰이는 방식, 표현하고 이해하는 방식이 사람마다, 지역마
다, 사회마다 다 다르다는 이야기입니다. 그러니 내가 일일이 '찾아갈' 수
밖에 없는 것이지요.

한글 세대까지 도착한 채집 세대

　　　요즘 사람들이 쓰는 말을 보면, 이것저것 붙여놓고 다시 말을
줄여놔서 뭘 이야기하는지 잘 모르겠어요. 사람들이 술을 마실 때 건배사
로 "나가자!" 그러기에, 나는 어디로 나가자는 말인 줄 알았더니 '나라와
가정을 사랑하자!'라는 말을 줄인 거라더군요.

지금 한글 세대들이 쓰는 한글에는 새로운 조어가 얼마나 많이 생겼는지
몰라요. 이게 '피눈물이 난다'를 '혈(血)의 누(淚)'라고 쓰던 사람들이 한글
전용을 시작한 지 70년 만에 일어난 변화예요.

내가 문화부 장관 하던 시절 '부뚜막 위 부지깽이가 되자' '우물가 옆 두레
박이 되자' '바위 위 이끼가 되자'라는 슬로건을 만들었거든요. 지금은 자

연스럽게 받아들이는 말이잖아요. 그런데 그때 당시에는 무슨 고려 때 언어로 알고 나보고 고어(古語)를 쓰는 사람이냐고 했단 말이에요.

그러니 내가 여기서 물을 수밖에 없어요. 지금 우리가 어디까지 왔는가? 한자 세대로 시작해 일어 세대를 거쳐 한글 세대로 왔는데, 이 한글을 제대로 찾지도 못하고 다시 영어 세대로 가고 있는 게 아닌가 하는 거죠.

외국어를 쓰지 말라는 얘기가 아닙니다. 외국어는 배워야 하는 것이고 한자도 배워야 해요. 하지만 우리가 잃어버린 것을 찾으면서 그것들을 익혀야 합니다.

서정주의 시집 《화사집》 속에는 서구적인 사상이 있지만 그 속에 동양적인 전통이 담겨 있고, 김동리의 소설 《무녀도》 속에는 거꾸로 동양적인 특성이 있지만 그 속에 또한 서구적인 사상까지 내포되어 있죠. 그래서 이들은 다 같이 전통적이며 인류적 보편성을 획득한 한국 문학이라 말합니다. ▶ 《화사집》과 《무녀도》

우리가 어느 특정한 시대나 고정된 지역적 편견의 색안경을 가지고 세상을 바라볼 때 그 시대 문화의 생명은 극히 짧은 것이 되고 맙니다. 한 시대(시간), 한 지역(공간)이 되는 배경을 이해해야만 안목이 생기고 비전이 생깁니다. 문학에서 고전적 작품이라는 것은 무수한 공간을 꿰뚫고 자신의 의미를 확충하면서 오늘날까지 그 가치를 존속시켜온 작품을 뜻합니다. 호메로스나 셰익스피어의 위대성은 '타임리스(Timeless)'에 있습니다. 《햄릿》이 덴마크인이라서, 왕자라서, 고대인이라서 유명한 게 아니라 인

물 속에 인간 총체의 한 비극성이 담겨 있기 때문입니다. 만약 그렇지 않
다면 덴마크 왕실 사람들만 흥미를 갖는 인물이 되었겠죠.

당대에만 유행하는 사조, 뿌리가 없는 전통은 오래갈 수 없습니다. 곧 잊
히고 맙니다. 우리가 잃어버린 것을 찾는 일은 인간의 영원성을 찾는 일
과 같아요. 가치에 공감하는 많은 이의 지적(知的) 연맹을 실현시킬 수 있
으니까요.

'흙 속에 저 바람 속에'에서 요즘 사람들은 거꾸로 '풍토(風土)'라는 한자
를 쉽게 배워요. 우리말을 찾는 것이 곧 한자를 배우는 일이 된 거죠.

《화사집》과《무녀도》

미당(未堂) 서정주(徐廷柱 · 1915~2000)는 자신의 시적 여정을 회고하며 이렇게 말
한 적이 있습니다.

"나는 시를 제대로 쓰기 시작한 뒤 지금까지 늘 그래왔듯이, 내 인생경험을 통해
실제로 감동한 내용 아니면 절대로 시로 다루지 않는 그 전력을 앞으로도 꾸준
히 지켜갈 것이다."《시와 시학》 23호, 1996)

미당은 1936년《동아일보》신춘문예에 〈벽(壁)〉이 당선되어 문단에 나온 뒤 약
65년간 1000편이 넘는 시를 15권의 시집에 담았습니다. 미당을 칭할 때 별호처

땅속의 용이 올 때

럼 따라다니는 '부족방언의 요술사', '언어의 정부' 같은 성찬이 결코 과한 평론 적 수사가 아니에요. 반면 '서정주의 실패는 한국시 전체의 실패', '역사의식의 부 재', '친일문학' 등 부정적인 평가도 나옵니다.

《화사집(花蛇集)》(1941)에는 총 24편의 시가 실려 있어요. 서시(序詩) 격으로 〈자 화상〉이 가장 앞에 오고, 다음으로 '화사(花蛇)', '노래', '지귀도시(地歸島詩)', '문 (門)'의 소제목 하에 각각의 시들이 배치되어 있어요. 극한의 의지로 비극성을 초 월하려는 미당의 노력을 알 수 있는데 식민지 현실에서 출구를 찾기 위해 치열 한 자기모색을 시집 전체에서 엿볼 수 있습니다. 평론가 조연현은 《화사집》의 세 계를 "인류의 원죄의식과 그것에 대한 형벌"이라고 말하죠.

김동리(金東里 · 1913~1995) 문학의 기본 테제는 민족과 인류의 구원이었습니다. 김동리의 종교적 세계인식은 민족과 인류의 구원 문제와 궤를 같이합니다. 《무 녀도(巫女圖)》는 3번이나 개작되었는데 1947년 첫 창작집 《무녀도》(을유문화사)를 출간할 때가 첫 번째이고, 1963년 단편집 《등신불》(정음사)을 출간할 때가 두 번 째이며, 1978년 《무녀도》를 중편소설 《을화》로 개작할 때가 세 번째입니다.

따라서 김동리는 1936년부터 78년까지 42년간 《무녀도》를 썼다고 할 수 있어 요. 김동리는 《무녀도》를 평생 쓴 셈입니다. 왜 김동리는 《무녀도》 쓰기에 일생 을 바쳤을까요? 구원의 문제 때문이 아니었을까요? 김동리는 인류와 민족의 구 원을 위해 구경적(究竟的) 삶을 살고자 했어요. 여기서 낯선 표현인 '구경적 생 (生)'이란 '예측할 수 없는 삶의 미궁과 그곳으로 인간을 끌어들이는 불가항력적 인 운명의 힘'을 지칭하죠. 김동리의 구경적 삶이 바로 《무녀도》 쓰기였고, 종교

192

적 방법으로 식민지 민족 현실을 극복하고 민족을 구원코자 했어요.

....

갓길 장관 이야기

     고속도로를 달리다 보면 '갓길 표시' 또는 '갓길 없음' 표시가
나오는 걸 보게 될 거예요. '갓길', 내가 만든 말이에요. 그래서 내 별명이
'갓길 장관'이 되었어요. 문화부 장관 하면서 뭘 했나 아무리 생각해봐도
별로 한 일이 없는 것 같은데, 고속도로 타고 가다 보면 '아, 내가 그래도
이름 하나는 바꿨구나' 싶죠. ▶첫번째 문화부장관

내가 그 이름을 짓기 전에는 노견(路肩), 혹은 길어깨라고 했어요. 노견이
라고 하니까 무슨 길거리 개(路犬)를 말하는 거냐고 사람들이 막 욕하니
까 그다음으로 제안된 이름이 길어깨였어요. 노(路)가 길이고 견(肩)이 어
깨니까 길어깨라고 그대로 옮긴 거죠. 노견, 길어깨, 그런 이상한 이름이
불리기도 했어요.

그런데 갓길은 무엇보다 어색하지 않다는 장점이 있었어요. 입에 착 붙어
요. 한자어를 순우리말로 순화한다면서 공처가를 '아내 무섬쟁이'니, 이화
여대를 '배꽃 계집 큰 배움터' 막 이런 어색한 말로 바꾸니까 사람들이 저
항감을 느껴 결국 바꾸지 못하는 거거든요.

내가 국무회의에서 "그 길을 '노견'이나 '길어깨'라고 하면 절대 안 된다"고 강력하게 주장했어요. 당시 행정용어 표기 문제는 내무부 소관이었는데 내무부에서 갓길 통행 과태료 법을 통과시키려고 할 때였어요. 사실 갓길은 길이 아니라, 고속도로가 무너지는 것을 막기 위해 설치한 거거든요. 그러니까 차가 그 길을 달리면 안 되는 것은 물론이고, 길도 아닌 거죠. 그러니까 다른 장관들이 "그건 당신 소관도 아닌데, 문화부 장관이 왜 나서냐, 그리고 길도 아닌데 갓길이라는 이름을 붙이면 사람들이 그걸 오히려 더 길로 착각하고 달릴 것 아니냐"며 반대했어요. 그때 내가 이렇게 말했죠.

"'길갓집'을 생각해봐라. 길갓집은 길의 가에 붙어 있는 집이지, 길 위에 있는 집이 아니다. 그러니까 갓길이라는 이름이 붙었다고 해서 그게 길을 의미하는 것은 아니다. 그리고 국무회의는 장관회의가 아니라 나라 살림에 관한 회의다. 그 길의 이름은 대한민국 온 사방에 다 붙을 건데, 그 글자는 문화에 관한 것 아니냐."

이렇게 막 밀어붙여서 결국 내무부에서도 '갓길'로 이름 붙이게 된 거예요. 가에 있는 길, 갓길. 어린아이도 이해하기 쉬운 말이잖아요.
게다가 누가 만든 말이 아니라 옛날부터 써온 말 같지 않아요? 일제 시대 때 발행된 《조선일보》나 《동아일보》를 찾아봐도 갓길이란 표현은 나오지 않습니다. 일상생활에서 쓰였지만, 순우리말이어서 지면에 오르지는 않왔던 모양입니다.

첫 번째 문화부 장관

[엮은이의 말] 초대 문화부 장관(1989년 12월~1991년 12월 재임)이 된 이어령은 취임하자마자 숱한 일화들을 남겼습니다. 예컨대 취임식 자리에서 "앞으로 문화부 직원들을 '가족'이라 부르겠다"며 '직원'이란 말 속에 담긴 관료적 분위기를 경계하려 했어요. 같은 취지에서 독립기념관, 예술의전당 등 문화부의 산하기관들을 '산하기관'이란 권위주의적 명칭으로 부르지 않겠다고 공언했을 정도였습니다.

취임 2주도 안 돼 '문화주의 새 사업'을 추진한다며 29개 신사업을 내놓았습니다. 국민 목소리를 반영한다며 문화부 내에 '까치소리'라는 민원 전화를 두었죠. 또 예술인, 종교인들이 청소년들에게 '문화그림엽서'를 보내도록 해 청소년의 마음에 예술적 감성과 종교적 심성이 깃들도록 했습니다. 각 지방문화원을 다목적 문화공간으로 활용하는 '문화 사랑방 운동'을 전개했으며, '범종교 예술제' '한국고유의 멋과 맛 지키기운동' '문화자원봉사단 운동' '움직이는 박물관 운영' 등 숱한 사업들을 고안했어요.

이어령 장관은 또 문화부의 새 행정지표로 3불운동(三不運動), 3가운동(三可運動)을 제안했습니다. 1. 문턱 없이 일하기 2. 생색 내지 않고 일하기 3. 사심 없이 일하기는 '3불', 1. 이끼 입히기 2. 두레박 놓기 3. 부지깽이 되기는 '3가'였습니다.

우리 땅, 우리 언어

사실 노견은 일본식 표현입니다. 과거엔 고속도로 표지판에 〈노견주행 엄금〉이라는 표현이 많았습니다. 미국 등 서양에서 'Road Shoulder'라는 표현을 쓰는데 일본 사람들이 그걸 보고 한자로 옮겨 만든 용어죠. 길어깨는 1960년대 정부 행정용어로 노견이란 한자어를 대신하기 위해 만든 용어로, 1982년《이희승 국어대사전》에도 길어깨라는 표현이 나와요. 공식적으론 길어깨로 부르게 하면서도 도로에 실제 표기는 노견이라 적고, 뒤죽박죽 써온 것이지요.

그러나 갓길은 세 살 때 어머니에게 배워서 써온 말처럼 자연스럽게 스며들어 정착되었어요. 노견이 갓길로 바뀐 후 많은 변화가 일어났습니다. 이전부터 일제식 행정용어를 우리말로 바꾸자는 움직임이 있어왔는데 갓길이 마중물이 된 셈이지요.

1991년 말에 〈행정용어 바르게 쓰기에 관한 규정〉이 제정되었어요. 그리고 총무처와 법제처, 문화부가 중심이 되어 대대적인 행정용어 순화 작업을 시작했지요. 1981년부터 91년까지 총무처에서《행정용어순화편람》을 발행했고, 법제처에서도《법령용어순화편람》을 내놓고 있었는데요. 1992년에는 앞서 책들에 수록되었던 용어들도 새롭게 다듬고 71개에 달하는 국가기관에서 추가로 수집한 용어까지 모아 하나의 책으로 정리했습니다. 그 결과가 당시 이문석 총무처 장관의 이름으로 나온 1992년《행정용어순화편람》이에요. 이렇게 해서 고친 용어가 8673개였어요.

예전 용어들을 순화한 기준은 다음과 같았습니다.

첫째, 국민에게 불쾌감을 주는 용어나 강압적인 용어는 부드러운 존댓말로 바꾸어 쓰도록 했어요. 예를 들어 '소환하고자' → '나오시도록 하고자', '준수할 것' → '지켜주시기 바랍니다'로 고쳤습니다.

둘째, 일제 잔재 용어를 아름다운 우리말로 바꾸어 쓰도록 했어요. '고오바이' → '오르막 · 물매 · 비탈길', '오시핀' → '납작못' 등이 용례입니다.

셋째, 어려운 한자말은 쉬운 우리말로 바꾸어 쓰도록 했어요. 예컨대 '시건장치' → '잠금장치', '도선장' → '나루터' 등입니다.

넷째, 필요 이상의 외래어는 아름답고 쉬운 우리말로 바꾸었어요. '그룹' → '단체', '써드 엔지니어' → '3등 기관사', '해머' → '망치' 등으로 고쳤어요.

다섯째, 계층 · 직종 간 갈등을 초래하는 용어는 중립적이고 편견 없는 우리말로 바꾸었어요. '영세민' → '저소득층', '품신하다' → '건의하다' 등입니다.

당시 편람에 들어간 다른 사례는 이렇습니다. 그땐 왜 이리 어려운 말을 썼을까 싶어요.

　가가호호 → 집집마다

　가께소바 → 메밀국수

　가꾸목(角木) → 각목 · 각재

가도(假道) → 임시도로 · 임시통로

가라 → 가짜, 헛-

가리방 → 줄판

가봉 → 시침질

바리캉 → 이발기

바이어(buyer) → 구매자 수입상

반네루(panel) → 판대기, 패널

방카이(挽回) → 만회

배물(排物) → 쓰레기

브로슈어(brochure) → 안내서

쇄정(鎖錠)하다 → 잠그다

영세민(零細民) → 저소득층

잠업(蠶業) → 누에치기

재식(栽植)하다 → 심다

절석(切石) → 마름돌

횡도(橫道) → 건널목, 옆길

횡서(橫書) → 가로쓰기

어울리는 이름, 어울리는 서체

주택가 곳곳에 조그마한 공원을 만들었을 때는 '쌈지공원'이라는 이름을 붙였어요. 그걸 문화부 장관 재임 시절 3개를 만들었는데 지금은 전국에 쌈지공원이 수천 개 있어요. 과거 농촌 등 집단 거주지의 중심지나 마을 입구의 정자목을 중심으로 형성된 자생적인 소공원 형태의 '농촌 공동쉼터'를 도시에 정책적으로 적용시킨 것이죠.

'쌈지'라는 건 작은 주머니를 말하는 우리말이에요. 작은 공원을 그냥 흔하고 평범하게 '작은공원'이라고 하지 않고 쌈지공원이라는 예쁜 이름을 붙여준 거죠.

서구에서도 비슷한 개념의 공원이 많아요. 뉴욕 허드슨강이 내려다보이는 허드슨 하이트(Hudson Height)라는 곳이 있어요. 맨해튼 끝자락에 위치한 언덕이죠. 이 지역에 3개의 도로가 만나는 교차로가 있는데 차가 빨리 지나가 보행자들이 늘 사고 위험에 노출됐었죠. 거기에 소규모 공원을 만들었는데 그걸 포켓공원이라 부릅니다. 이 포켓공원이 생기면서 자동차들은 알아서 속도를 줄이게 됐죠. 또 포켓공원과 연계해 횡단보도도 훨씬 넓어져 보행자들의 안전도 보장받게 됐어요.

도시 소공원(Vest Pocket Park)은 조끼주머니(Vest Pocket)가 의미하는 것처럼 작지만 요긴하고 편리함을 추구하는 공간인데 우리로 치면 바로 쌈지공원을 말합니다. 쌈지공원은 'The Vest-Pocket Park'의 순수한 한국적 표현으로 도심지의 자투리땅을 활용해 저소득층 고밀주거지역 거주자들을 위한 문화·복지적 차원에서 조성되었습니다.[11]

또 서울시에 '자락공원'이 있어요. 서울에는 크고 이름난 산이 많잖아요. 그 산과 평지의 접경지역에 공원을 만들고 자락공원이라고 이름 붙였어요. 치맛자락을 생각해보세요. 치맛자락은 땅에 끌리는 거잖아요. 그러니까 남산이 치마를 입었다고 상상을 해보세요.

또 '자락'은 치맛자락의 자락이기도 하지만 끝자락의 자락이기도 해요. 산의 끝자락, 주거지의 끝자락. 그 양쪽의 끝자락이 겹친 곳에 자락공원을 만드는 거죠. 산과 사람들의 주거지가 이어지지 않으면 산은 섬처럼 고립돼요. 도시인의 생활반경에 산을 끌어들이는 거죠. ▶쌈지공원에서 울다

내가 장관이 되었을 때는 군사정권이 막 민간으로 넘어올 때니까 중앙정부는 아직도 권위주의에 가득 차 있었어요. 서류나 문서는 모두 교과서의 글씨체처럼 딱딱한 명조체로 쓰고 그럴 때, 나는 문화부의 모든 글씨체를 안상수체로 바꾸어버렸어요.

글자야말로 가장 원초적인 디자인 아닌가요? 이후 서체 디자인이 뭔지 사람들이 그제야 깨닫게 됩니다. 기존의 틀에 익숙한 사람들은 거부감이 있었겠지만 컴퓨터가 보급되고 워드 프로세서 소프트웨어가 널리 쓰이면서 날개를 달았죠. 통치계급, 즉 정치인이나 관료들이 쓰는 서체의 권위가

---

11 이은기, 〈도심지 쌈지공원의 이용 후 평가 및 개선방안〉 참조

무너졌어요.

다양한 서체가 등장하면서 높다란 정부의 문턱도 낮아지지 않았을까요? 서체의 변화가 문장의 변화, 사고의 변화, 사회의 변화를 동시에 이룰 수 있지 않을까 생각해봅니다.

쌈지공원에서 울다

[엮은이의 말] 다음은 2016년 8월 26일 자《주간조선》에 보도된 쌈지마당 이야기입니다.

1991년 6월 첫 번째 쌈지마당인 '중계쌈지마당'이 완공됐다. 연탄 실어 나르는 리어카 한 대도 다닐 수 없는 작고 꼬불꼬불한 골목길 마을에 들어선 쌈지마당은 의외의 곳에 '짠' 하고 나타나는 '마법의 예술공원' 같았다. 중계쌈지마당 준공식 행사 당일, 이어령은 울었다.

"고건 시장한테 준공식에 나와 달라고 했더니 이분이 농을 해. '선배님, 서울시장을 너무 우습게 보시네요. 10억 건설 현장에도 테이프 끊으러 안 가는데 8000만 원짜리 공사에 나가겠습니까. 껄껄껄. 가야지요. 100억짜리는 안 나가도 거기엔 나가겠습니다.' 이런 말을 하더니 기쁘게 행사장에 왔지. 행사가 끝나도 갈 생각을 안 해. '장관님 먼저 가세요. 저는 민원이 많아서 빠져나가기 힘들 겁니다' 하며 손사래를 치더라고. 거기가 무허가 건물이 많잖아. 시민들이 서울시장한테 하고 싶은 건의가 좀 많겠어. 시민들 틈에 삥 둘러싸여 나더러 손사래를 치는데, 고건씨가 키가 크잖아. 혼자 삐죽이 서 있는 걸 보니 울컥하더라고. 그런 마음으로 공원 입구를 나오는데 아이들이 만든 플래카드가 보여. '이.어.령.문.하.부.장.과.님.감.사.합.니.다.' 노트를 한 장씩 찢어서 크레파스로 삐뚤삐뚤하게 써서 매달아 놓은 거야. 서툰 글씨로 철자법도 다 틀리고. 그 근처에 수녀님들이 돌봐주시는 보육원 시설이 있는데, 그 아이들이 만든 거였지. 아이들 마음이 어떻겠어요? 그걸 본 순간 눈물이 확 나더라고."

한편 서울의 상징 남산(南山)이 지금처럼 시민에게 돌려진 것 역시 1990년 무렵입니다. 이름하여 '남산 제 모습 찾기 사업'.

그 무렵, 남산을 훼손해 들어서 있던 시설과 자연경관을 가리거나 해치는 시설의 이전 계획이 세워졌습니다. 당시 남산 주위에는 권력 기관들이 경쟁적으로 하나둘씩 자리를 잡고 있었습니다. 남산 터가 좋아서일까요? 심지어 정권이 바뀔 때마다 호텔이나 외인 주택, 외인 아파트 등의 건설허가가 남발돼 남산이 '남의 산'이 되었었죠.

남산1호터널 입구에 안기부(현 국가정보원)가 있었어요. 영화 〈남산의 부장들〉(2020)에서 알 수 있듯이 거대한 권력의 상징인 안기부가 남산 한 자락에 똬리를 틀고 있었습니다. 자락 한편에는 수도방위사령부가 있었고, 꼭대기에는 미군 통신부대가 떡 하니 자리 잡고 있었습니다. 미군 종교휴양소, 외국인 임대주택 43

동, 개인주택 13동 등도 있었고요.

'남산 제 모습 찾기 사업' 이후 많은 시설과 건물들이 단계적으로 남산을 떠나갔습니다. 그리고 그 자리에 시민들이 쉽게 접근할 수 있는 보행(접근)로와 공원이 만들어졌습니다. 필동, 장충동, 한남동, 용산동, 남대문로 등의 간선도로로 연결된 5개 축(軸)을 중심으로 남산은 '서울의 중심'으로 거듭나게 됩니다.

이어령 선생은 문화부 장관에서 물러난 뒤 '서울 시민의 날 행사추진위원장'을 맡아 시민 1만여 명과 함께 '남산 껴안기' 행사를 펼치기도 했습니다. 남산을 누구보다 아끼던 이가 바로 이어령이었습니다.

"그래도 중앙청이 권위가 있어야죠!"

나는 권위주의를 깨고 좀 부드럽게 하고 싶어서 문화부 앞에 바람개비를 붙여놓기도 했지요. ▶이바람개비같은것이내삶 우리가 바람개비 가지고 놀 때, 바람이 불기를 기다리기만 하며 가만히 있기만 하지 않아요. 들고 뛰면 바람이 없어도 바람개비가 돌아가잖아요. 바람이 없다고 탓하지 말고 스스로 뛰면 바람개비는 돌아간다는 뜻으로 만든 조형물이었죠. 그러자 어떤 장관이 나에게 오더니 이렇게 말합니다.

"그래도 중앙청이 권위가 있어야지. 문화부가 바(Bar) 같아요. 뭐 거기다가
바람개비를 달아놓고 그럽니까?"

지금은 뭐 아무렇지도 않은데, 그 말을 들을 당시에는 참 기분이 나빴어
요. 중앙청의 청(廳)은 관청을 뜻하는 말이고, 거기에 출근하는 사람들을
등청(登廳)한다고 했어요. '보통 사람'들은 출근을 하는데 중앙청으로 오
는 사람들은 등청을 하는 거예요. 이렇게 어마어마한 말을 쓰는 곳에 막
바람개비를 붙여서 돌리니까 사람들이 좋아하지 않았죠. 그래서 관리들
이 그렇게 불평을 하는데 나는 이런 농담을 했어요.

"성공했네! 사람들이 Bar로 알았으면 성공했네. 그러면 사람들이 막 들어올
거야. 우리한테는 그 문턱이 높았지만, 이젠 그냥 별 사람 다 들어올 거 아니
야. 밤에도 들어올 거 아니야."

이 바람개비 같은 것이 내 삶

[엮은이의 말] 1991년 10월 20일 이어령 당시 문화부 장관은 문화의 날을 맞아
《경향신문》과 특별 인터뷰를 했습니다. "취임 2년 동안 바람개비 소년처럼 뛰었
다" 회고하며 이렇게 말했습니다.

"바람개비야말로 내 심정을 대변하는 것입니다. 바람개비는 돌기 위해서 만들어졌습니다. 그러나 그것은 바람이 붙지 않으면 돌 수 없습니다. 바람이 안 분다고 그냥 서 있을 순 없지 않습니까? 내가 바람개비를 들고 뛰어가면 바람이 생기고 바람개비는 돕니다. 어렸을 때 내가 바람개비만 잡으면 바람이 그쳤습니다. 참 이상한 일인데 나는 바람개비를 들고 산이야, 들이야 어디고 뛰어다녔습니다. 심장이 터질 듯이 뛰어다니면서 내 스스로 '이 바람개비 같은 것이 내 삶'이라고 생각했지요.

우리 문화부의 일도 이 바람개비 같은 것이지만, 거의 2년 동안 문화부 전체가 스스로 바람을 만들려고 뛰어다녔습니다. 스스로 일궈낸 신바람에 정신없이 뛰었다고 감히 자평할 수 있습니다."

부뚜막 위 부지깽이

그때는 관청에서 내거는 슬로건이 보통 '협조와 평화와 뭐 …' 이런 식이었어요. 관념적이고 한자 투의 말이었죠. 사실 슬로건은 지금도 그렇게 만들긴 하죠. '진보와 평화' 하는 식으로. 내가 문화부 장관이었을 때 문화부의 슬로건이 뭐였는지 알아요?

첫 번째, 부뚜막 위 부지깽이가 돼라.

부뚜막 위 부지깽이. '부'자 두음이 반복되니까 음운율이 생기죠.

부엌에 가면 놋그릇, 은그릇 같은 귀중품도 있고 식칼, 도마 같은 필수품도 있죠. 그중 제일 천한 것이 부지깽이예요. 부지깽이는 밤낮 불에 타요. 끄트머리를 불태워가며 아궁이의 불을 지피고 나면 다시 끄고, 다시 또 타고.

그렇게 부엌에서 가장 천한 것이지만 또 가장 요긴한 것이 부지깽이예요. 불을 붙여주는 부지깽이가 없으면 식칼부터 은그릇까지 온갖 것이 있어도 안 돼요. 그리고 이 부지깽이는 무엇이나 될 수 있어요. 아무 나뭇가지나 하나 꺾으면 다 부지깽이로 쓸 수 있어요.

여러분이 특수한 사람은 못 되어도 부지깽이 같은 사람은 될 수 있어요. 여러분이 기가 막힌 발명이나 연구로 노벨상을 타는 사람이 못 될지는 몰라도, 다들 부지깽이는 될 수 있어요. 사람들은 부지깽이를 우습게 알지만, 제일 하찮아 보이는 부지깽이가 있기 때문에 장작불을 지필 수 있고 밥을 지을 수 있어요. 그렇게 긴요하게 쓰이는 사람이 되라는 거죠.

자기가 불타는 것이 아니라 남을 불태워주는 추임새를 넣는 사람이 돼라, 공무원이 뭐냐, 너희 스스로 불이 되려 하지 마라, 너희가 밥이 되려 하지 마라, 밥 짓고 요리할 때 밑에서 자기를 그슬려가며 부지깽이처럼 봉사해라.

인류 역사에 있어 가장 중요한 전환점이 불의 발견이라고 하지만 불을 이용하게 된 것도 부지깽이 덕분입니다. 사냥한 음식을 익혀 먹을 때 불을 어떻게 다뤘을까요? 손으로 했겠냐고요. 부지깽이로 했겠지요.

불쏘시개 작대기야말로 가장 소중한, 꼭 필요한 물건이죠. 부지깽이로 이글거리는 불을 만지며 생각에 빠졌을 겁니다. 따스함을 느꼈을 겁니다. 불 앞에 모여 음식을 익혀 먹으며 이야기를 나누고 밤하늘에 수놓은 별들을 올려다보았겠지요.

그 별을 보며 처음으로 신화(神話)라는 꿈을, 가공의 이야기를 만들었을 테지요. 종교가 생겨났을지도 모릅니다. 오늘날, 우리가 시인이나 소설가로 부르는 사람 역시 과거로 거슬러 거슬러 올라가면 별을 올려다본 최초의 사람이 나오고, 그리고 불쏘시개, 부지깽이를 든 사람이 나오지 않겠어요?

태초에 부지깽이를 든 사람들은 하늘에 흩어져 있는 별들을 그냥 바라보지 않았습니다. 북두칠성처럼 별과 별 사이를 이어서 하나의 별자리를 만들어냈어요. 그리고 그 모습 속에 견우직녀 설화 같은 아름다운 이야기를 적어 넣었던 겁니다.

그러니 '부뚜막 위 부지깽이가 돼라'라는 말이 얼마나 소중한 말이냐고요. 그런 농담 있잖아요. '홍도야 울지 마라'를 한마디로 줄이면 '뚝!'이 된다는. 그것과 마찬가지예요. 그런 다양한 분야의 봉사를 표현하는 게 '부뚜막 위 부지깽이가 돼라'예요. 봉사자 중에서도 문화 봉사자니까 그냥 봉사를 하는 게 아니라 문화계에 불을 붙이는 봉사자가 되어, 시인에게 불을 붙이고, 연극계에 불을 붙이는 거죠. 그래서 문화부가 잘 되면 환하게 불이 탈 거 아니겠어요? 나는 문화부 장관이 전 국민을 향해 "불이야!"라고 소리 지르는 사람이라고 했어요. '문화부'라 하면 사람들이 거들떠보지도 않지만 '불이야'라고 하면 돌아볼 거 아니겠어요. 불이 났으니까.

우물가 옆 두레박

    두 번째 슬로건은 우물가 옆 두레박이에요.
두레박을 모르는 사람은 없죠? 두레박은 우물가에 하나를 공용으로 놔주기만 하면 그다음에 오는 사람이 손쉽게 물을 떠먹을 수 있어요.
아무리 목이 말라도 두레박이 있어야 해요. 두레박 없이는 우물물을 길을 수 없어요. 인류의 역사와 함께 전승돼온 것이 두레박일지 몰라요. 두레박이 없었다면 우물을 파지도 못했을 것이고 강가나 개울 곁에서만 살았을 겁니다. 두레박이 있었기에 깊은 산속에서도 살 수 있었고 공동으로 우물을 쓰며 집단을 이루고 마을공동체를 이룰 수 있었을 거예요.
한국인에게 돗자리가 '하늘을 나는 융단'이라면, 두레박은 '하늘이 내린 그릇' 아니겠어요? 우물이 '집안의 작은 바다'라면 두레박은 '바다와 땅을 잇는 엘리베이터'인 셈이지요.
그런데 만약 그 두레박을 자기 것 들고 가서 쓰고는 내 것이라고 싹 챙겨와 버리면 모든 사람이 다 우물터에 갈 때마다 자기 것을 가지고 다녀야 해요. 이렇게 못난 짓 하는 사람은 되지 말자는 거죠.
내 가진 것을 나눠주고 어쩌고 하는 이런 위선적인 말 대신, 모두가 쓰는 우물터에 내가 물 떠먹은 두레박을 안 가져가고 놔두는 그런 작은 선행보다 더 크고 많은 것을 바라지는 않아요. 그거면 모든 동네 사람이 자기 두레박이 없어도 하나의 공동 두레박으로 편하게 쓸 수 있잖아요.

그 두레박과 같은 것이 문화시설이에요. 극장 하나 지어 놓으면 거기 와서 누구나 연극을 할 수 있어요. 그러니까 그 문화시설, 소위 문화 인프라를 우리가 만들자는 거죠. 부지깽이가 되어 문화에 불을 붙이고, 그 불 붙은 문화가 활활 타오를 수 있는 터전을 만드는 것, 그것이 문화부가 할 일이에요. 문화를 융성시키고 불붙이는 일!

그런데 아무래도 후퇴한 것 같아요. '문화융성' 같은 어려운 말을 쓰잖아요. 내가 이미 몇십 년 전에 '부지깽이가 되자'라고 했는데 그게 융성(隆盛)이에요. 불붙이라는 이야기잖아요? 그걸 그냥 '문화에 불붙이자' 하면 진짜 불이 붙을 텐데, '융성'이라고 하니까 이게 어디 남의 나라 이야기 같아요.

그래도 한편으로는 잘 붙인 이름이긴 해요. 그래야 뭐가 있는 것 같잖아요. 부지깽이, 두레박 이러면 너무 가벼운 것 같아서 사람들이 미심쩍어해요. 사람들은 묵직해야 쫓아오지 가벼우면 안 쫓아와요.

바위 위 이끼가 되자

세 번째, 바위 위 이끼가 되자.

우리가 바위를 깰 수 있어요? 우리 속담에 '계란으로 바위 치기'가 있죠. 문화는 도저히 정치 · 경제를 못 깨요. 계란으로 바위를 깨지 못하듯.

비유를 하나 해볼까요. 여기 맹장염에 걸린 사람이 있어요. 당장 수술 안 하면 큰일 나죠. 그런데 이 사람이 당장 노래를 부르고 싶어 해요. 그런데 노래를 부르고자 하는 욕구가 지금 충족되지 못한다고 해서 생명에 지장이 있는 건 아니잖아요. 그러니까 문화는 밤낮 우선순위가 뒤로 밀리는 거예요.

어릴 때 부모님들이 늘 뭐라고 하셔요? 일단 좋은 직업 얻는 게 우선이고, "그건 다음에 하자"라고 말씀하시죠. 먹고사는 것, 그러니까 정치 · 경제 · 사회가 우선이지 문화는 밤낮 뒷전인데, 그 뒷전인 문화부의 장관이 뭘 할 게 있었겠어요.

우스운 이야기인데, 지금처럼 한강 유역 정비가 잘 되기 전의 이야기예요. 여름만 되면 한강 부근에서 홍수가 나서 마포 일대에서 이재민이 발생하는 거예요. 내가 장관이 되고 얼마 되지 않아서 또 한강 다리가 물에 잠길 정도로 큰 홍수가 나서 이재민이 발생했죠. 그러자 대통령 주재하에 장관들이 모인 국무회의를 열었어요. 내무부는 치안을 담당하고 보사부는 의약품을 지원하는 식으로 각 부처마다 그런 재난 상황에 해야 될 역할이 있는 거예요. 심지어 국방부는 국군장병들을 동원해 긴급 재난 구호 봉사를 하고요. 그런데 문화부는 뭘 하라고 시키는지 들으려는데 아무리 기다려도 안 나오는 거예요. 그 국무회의 끝까지 계속.

홍수 같은 재난 상황이 나서 이재민이 나왔을 때 문화부가 뭘 하겠어요. 가능한 거라고 해봐야 합창단 데리고 가서 힘내라고 공연하는 건데, 잘못하면 뺨 맞아요. 남은 지금 다 죽게 생겼는데, 너희는 지금 신난다고 노래하고 춤추냐? 안 그러겠어요?

그러니까 문화라고 하는 건 정치 · 경제 · 사회 같은 바위와 싸워서 이길 수는 없어요. 그러나 그 딱딱한 바위를 덮는 이끼는 될 수 있죠. 이 메마른 정치 · 경제 · 사회를 깰 수는 없지만 아름다운 노래, 시로 감동시켜 생명의 이끼로 덮어버리는 거죠. 그 딱딱한 바위에 초록색 이끼가 돋아나는 거 보세요. 기가 막히잖아요? ▶ 작지만 강한 이끼

이런 게 기적이죠. 흙도 없고 아무것도 없는 그 딱딱한 바위를 초록색 부드러운 이끼로 다 덮어서 생명이 거기서 싹트게 하니 기적이지요.

이끼는 원래 '물기가 많은 곳에 나는 푸른 때'를 가리키는 말이에요. 3억 5000만 년 전 최초로 육상 생활에 적응한 식물군이 바로 이끼죠. 종류도 다양해서 우리나라에서만 700여 종이나 된다고 해요. 집 주변의 돌담이나 그늘지고 축축한 마당, 습기가 많은 숲속 등에는 다양한 종류의 이끼가 살고 있습니다. 비록 습한 곳에서 자라지만 매우 중요한 역할을 하고 있어요.

흙이 무너지거나 공사 등으로 맨땅이 드러나 식물이 전혀 없는 곳에 맨 먼저 나타나 정착하면서 다른 생물이 살 수 있는 터전을 만들어주죠. 과거 유럽에서는 침대의 속재료와 건축 재료로 사용했고, 인디언과 에스키모인들은 아기 기저귀를 만드는 데 이용하는 등 세상에 이롭게 사용됐어요. 지금도 이롭게 쓰입니다.

1995년에 서울에서 이끼가 사라지자 산림청에서 환경오염 실태조사를 벌인 적이 있어요. 산성비 때문이지요. 이끼는 대기 및 토양 오염물질에 민감하게 반응한다고 합니다.

서울주택도시공사(SH)는 도시 내 미세먼지 저감(低減) 솔루션인 'SH 스마트 이끼타워'를 개발해 특허 출원했다고 합니다. 이끼와 바람을 이용해 주변 약 50m 내의 미세먼지 흡착률을 높여 공기정화 효율을 증진시키도록 고안됐다지요.

세월이 아무리 흘러도 이처럼 이끼만큼 이로운 게 없어요. 저 거대하고, 숨도 쉬지 못하는 바위를 덮을 만한 이끼만 있다면 우리가 어떤 사막에 가서도 살 수가 있어요. 그게 문화예요. 그래서 바위 위 이끼가 되자, 이게 내가 장관 재직 시절 내건 문화부의 세 번째 슬로건이었어요.

작지만 강한 이끼

이끼는 작아요. 꽃과 열매가 없고, 줄기와 뿌리가 단순합니다. 다른 풀꽃처럼 화려한 아름다움을 뽐내진 못합니다. 그러나 덕분에 다른 식물이 살지 못하는 곳에 먼저 자리를 잡아 다른 생명이 살아갈 수 있는 터전을 마련하는 중요한 역할을 합니다.

자연생태학자 로빈 월 키머러(Robin Wall Kimmerer · 1953~)에 따르면, 이끼는 유연하게 주변 환경에 적응해 번성하며 곳곳을 채워나갑니다. 바위 위에, 쓰러진 나무에 난 이끼는 언뜻 평온해 보입니다. 자라기도 천천히 자라고, 거의 변화가 없는 것처럼 보여요. 사람의 키 높이에서 보면 초록색 카펫처럼 보일 뿐이죠.

하지만 이끼의 삶은 결코 순탄치 않아요. 이끼는 대체로 다른 식물이 자라지 못하는 곳에서 삽니다. 이끼를 쉽게 발견할 수 있는 곳은 바위 위, 보도블록 사이처럼 흙이 없어 제대로 뿌리를 내리기도 힘들고 수분이 보존되지 않는 곳, 썩은 통나무 위처럼 환경 변화가 심한 곳 등이죠.

이런 곳에서 이끼의 단순하고 작은 몸은 오히려 강점이 됩니다. 이끼는 뿌리와 관다발 조직이 없어 높이 자랄 수 없지만, 표면에 납작 붙어 아주 약간의 습기만 있어도 살아갑니다. 큰 식물들이 수분을 잃지 않으려 줄기에 물을 저장하고 껍질을 발달시키는 등 다양한 노력을 기울일 때, 이끼는 수분 변화를 그대로 받아들입니다. 물이 없으면 없는 대로 잎을 말고 기다리며, 물이 있으면 물의 특성을 이용해 큰 에너지를 들이지 않고 쑥 쑥 자란답니다. 작고 단순하다는 것을 흔히 부정적인 것으로 생각하는 사람들의 편견과는 달리, 이끼는 그런 특징을 자신만의 강점으로 삼아 곳곳에서 번성하고 있어요.

2만 2천여 종에 달하는 이끼는 종마다 개성이 각양각색입니다. 주어진 환경에 최대한 적응하기 위해 각 종의 이끼는 그 모습도, 특성도 달리하도록 진화했어요. 환경이 안정적인 곳에 사는 명주실이끼는 자신을 복제한 후손을 만들어 바로 주변에 퍼뜨리는 무성생식에 집중합니다. 경쟁이 심하고 빠르게 변화해 오래 살기 어려운 곳에 사는 지붕빨간이끼는 유성생식으로 유전자를 조합한 포자를 멀리 날려 보냅니다. 네삭치이끼들은 서로가 밀집된 정도에 따라 성별을 바꾸거나 당장의 죽음을 감수하며 번식하기도 합니다. 대다수 이끼가 바람을 통해 포자를 전파하지만, 사슴의 배설물에 사는 이끼인 스플라눔은 똥파리를 이용해 포자를 퍼뜨립니다.

이렇게 다양한 이끼 종들은 자연에서 어떠한 절대적 우열이 없어요. 가령 평소에는 한 절벽을 패랭이우산이끼가 뒤덮는다고 해도 범람이 일어나면 이야기가 달라집니다. 물살 때문에 패랭이우산이끼가 뜯긴 빈자리를 침수에 강한 봉황이끼가 채우죠. 모든 종의 이끼는 각자의 기준에서 아름답습니다.

한국인의 마음이 그려낸 별자리

내가 그렇게 '부뚜막 위 부지깽이', '우물가 옆 두레박', '바위 위 이끼'를 문화부 슬로건으로 내걸었더니 신문에서 문화부를 공격하는 거예요. '요즘 이 아무개가 문화부 장관이 되더니 중앙청과 문화부 내에 고어(古語)가 난무한다'라고요.. 옛날부터 썼을 뿐이지 엄연한 우리말인데, 사람들은 그게 고어, 무슨 고려 시대 때나 쓰던 말인 줄 알았어요. 그 당시로 치면 '21세기가 이제 곧인데 이 사람이 어디 와서 지금 부지깽이니 두레박이냐?' 이런 소리죠. 그 사람들은 부지깽이가 뭔지 몰랐나 봐요. 그러니까 고어라고, 나더러 옛날 고리타분한 조선 시대 놀음을 한다고 공격했겠지요.

그러나 우리 것은 맨날 낡고 옛날 거예요? 우리 것이 미래가 되면 안 됩니까?

밥 먹을 때 쓰는 젓가락, 옷 입을 때 매는 옷고름 자락, 그리고 누워서 바라보는 대청마루의 서까래, 손가락의 투구인 골무, 악기가 된 평화로운 곤봉인 다듬이, 머리의 언어인 갓, 누워 있는 악기인 거문고, 현재 세계인의 고랑을 파는 호미, 한국인 손으로 빚어진 진주이자 다이아몬드인 나전칠기…. 한국인이 사용해온 물건들 하나하나에는 한국인의 마음이 그려낸 별자리가 있어요. 그건 낮엔 안 보일지 몰라도 밤이 되면 밝게 빛납니다. 낮에는 태양 때문에 안 보일 뿐 없어서 안 보이는 게 아닙니다. 한국인의 마음이란 게 그렇습니다.

부지깽이와 두레박은 버리거나 잊힌 것들이 아니라 한국인의 마음을 그려낸 별자리입니다. 하늘의 별들은 다 똑같지만 별자리와 그 전설의 이야기들은 민족과 나라에 따라 다 달라지는 법입니다. 그러니 함부로 천시하거나 잊어선 안 되는 것이지요.

3장   흙의 울음처럼 살자

국토 대장정의 추억

　　내가 1998년부터 동아제약이 주최한 대학생 국토 대장정 행사의 고문을 맡은 적이 있어요. 처음 그 계획을 들었을 땐 부정적으로 봤어요. 국토 대장정이라니, 무슨 '국민 대담화' 같은 느낌이잖아요. '이야, 아직도 그런 촌스러운 걸 하나' 했죠. 그런데 막상 시작하니 대학생들이 앞다투어 신청을 하는 거예요. 경쟁률이 몇십 대 일이더라고요. 요즘도 이런 학생들이 있나 싶었죠. 그런데 1회부터 쭉 보니까 말예요. 그 젊은 학생들이 저 땅끝마을 해남에서 출발해 최북단 임진각까지, 647.5km를 20일 동안 걷는 거예요.

출발할 땐 남녀 학생들이 구별이 돼요. 다들 예쁘고 깔끔하고 산뜻한 복장으로 출발했죠. 그런데 임진각에 들어올 때 다들 새까맣게 그을려 구별이 안 됐어요. 그 깔끔했던 복장엔 서로 응원의 문구를 막 써주느라 얼룩지고 엉망진창이 되었어요. 신발은 다 해어지고 발은 퉁퉁 부어 있고요. 누가 시킨 것도 아니고 상을 주는 것도 아닌데, 스스로 내 나라, 우리 땅을 저 남쪽부터 북쪽까지 한 발 한 발 자로 재듯 천 걸음 만 걸음 걷는 거예요. 그걸 해 보겠다고 다들 그 엄청난 경쟁을 뚫고 도전한 것이죠.

여기서 여러분께 문제 하나 내볼게요. 모래와 흙이 어떻게 다를까요. 흙은 유기체입니다. 흙이라는 건 생명체가 죽어서 쌓인 유기물, 우리는 그 사과 껍질 같은 30cm 지표를 파먹으면서 살아요. 흙이 유기체라는 건 옛날 생명들이 아직도 흙으로, 유기물로 남아있다는 이야기도 됩니다. 우리 위대했던 영웅들 또는 못된 짓 해서 손가락질 받던 사람들, 죽어서 다 흙이 됩니다. 내가 내 땅을 내 발로 딛는다는 건 내 역사를 밟아서 체감해 본다는 뜻이고, 나보다 앞서서 죽어간 그 사람들의 피가 내 속으로 들어온다는 거예요. 그러니까 '신토불이'라는 말을 할 때 저 흙이 내 몸이고 저 바람이 내 영혼이 되는 거죠.

이 대장정을 끝내고 마지막 들어오는 장면은 참 감동적입니다.

20일, 21일 동안 목마르고 그 햇빛이 타는 길을, 쓰러져서 정말 한 발자국도 못 걸을 것 같은 순간에도 포기하지 않고 끈기 있게 한 발, 한 발 걷고 기다시피 마지막 목적지에 들어서면 부모님과 함께 우리가 기다리고 있는 거예요. 마지막 피니시 라인을 넘어선 학생들은 다들 얼싸안고 울어요. 처음 출발할 때는 서로 서먹해서 낯을 가리고 남녀 내외도 하더니 이제는 누구 할 것 없이 서로 끌어안고 "울지 마, 울지 마"하면서 다독여요. 정작 그 말을 하는 자기도 울면서 말이죠.

덩치만 컸지 아직도 "엄마"라고 하는 여학생들, 늘씬하게 자랐지만 여전히 여드름 자국이 남아 있고 엄마 품을 찾는 아이들이 분단되어 반쪽밖에 안 되지만 그 국토를 처음부터 끝까지 걸어서 들어오는 광경을 볼 때면 전율이 느껴져요.

나는 《흙 속에 저 바람 속에》에서 쫓기는 자의 뒷모습을 보았는데, 그들의 후손인 우리 젊은이들이 내 앞에 그렇게 나타나는 거예요.

걷는다는 것은 내가 인간임을 증명하는 일입니다

그걸 보고 있으면 앞으로 우리가 어딜 향해서 더 걸어가야 하나를 생각하게 됩니다.

그 눈물의 의미를 생각해 보세요. '20일 동안 험한 잠자리도 마다치 않으며 걸어왔던 것이 끝이 났고, 그 목표를 이루기 위해 서로 도왔던 것에 감동해 운다….' 그런 뜻일 수 있어요. 그러나 이 젊은이의 눈물을, 우리 역사나 광복 이후 70여 년을 회고할 때 조금 다른 의미가 있어요. 그 의미에 대해 쓴 글이 있습니다. 다음과 같은 내용이지요.

여러분들은 지금 걷기 위해서 이 자리에 모였습니다. 누가 강요한 것도 아니고 특별한 목적이 있어서도 아닙니다. 태어날 때도 그랬습니다. 누가 시키지도 않았는데 여러분들은 스스로 두 발로 일어서서 첫걸음을 내딛었습니다. 넘어지고 쓰러지면서도 걷기의 모험을 포기하지 않았습니다. 위험을 무릅쓰고 한 발 한 발 그 연약한 다리로 최초의 보행을 시작하면서 내가 짐승이 아니라 사람이라는 것을 온몸으로 증명했습니다. 문화인류학자들은 말합니다. 두 발로 일어서서 걷는 순간 인간은 비로소 짐승과 다른 존재가 되었다는 것입니다. 사람을 가장 많이 닮은 침팬지나 고릴라도 하루에 기껏 걸어야 3km 밖을 벗어나지 못합니다. 그러나 채집시대의 원인류는 하루에 30km 이상 걸었다고 합니다.

대체 어느 짐승이 중력과 맞서 이렇게 등뼈를 똑바로 세우고 대지 위에 서 있을 수 있겠습니까. 그렇게 먼 지평을 향해 한 걸음 한 걸음 다가갈 수가 있겠습니까. 걷는 것만큼 멀리 있던 풍경들이 내 눈앞으로 다가옵니다. 그렇습니다. 풍경은 이야기를 잉태하고 그 이야기는 다시 우리를 걷기의 역사 그 현장으로 인도한다고 했습니다. 레베카 솔닛의 아름다운 증언입니다.

그때 바퀴 위에서는 도저히 느낄 수 없었던 내 생명의 몸무게를 발견하고 그 리듬을 발바닥에 기록합니다. 그렇게 해서 걷기의 역사는 몸의 역사가 되고, 생각의 역사가 되고, 전국을 세 차례나 돌고, 백두산을 일곱 번이나 올랐다는 김정호와 같은 지도의 역사가 되는 것입니다.

걷는 목적에 따라 여러 문화사가 쓰여집니다. 나사렛에서 예루살렘까지 걸어간 예수와 룸비니에서 갠지스 중류까지 걸어간 석가의 걸음에서 종교문화가 태어났고, 아리스토텔레스의 학당을 거닐던 걸음에서 소요학파의 철학이 생겨났습니다. 도시의 유보자(遊步者)들은 발터 벤야민의 문학을, 황톳길의 유랑은 김삿갓의 즉흥시를, 그리고 소금장수와 보부상의 무거운 걸음은 오늘의 기업을 만들어냅니다.

그런데 지금 600km의 국토를 답파하려는 여러분 대학생들의 걸음은 무엇을 창조하려는 것입니까. 이미 그것은 자동차를 타고 스쳐가거나 비행기 위에서 내려다본 추상의 국토가 아닐 것입니다. 초음속, 마하 시대의 반역아들은 35억 년 전 바위와 모래밖에 없었던 황량한 지구에 처음 원시 식물과 동물들이 나던 때의 공간으로 갈 것입니다. 무기물에서 유기물을 만들어 낸 생명체들이 생사의 끝없는 순환을 되풀이하면서 이 땅의 흙을 만들어내는 역사 속으로 들어갈 것입니다. 젊은이의 두 다리가 선조들의 모든 육체, 모든 영혼과 접속하는 순간이 올 것입니다. 국토를 걷는다는 것은 이 슬프고 장엄한 과거를 통해 미래를 읽는 흙의 독서 행위입니다.

지도자가 없어도 문명은 망하지 않는다 했습니다. 로마제국은 칼리굴라를 비롯해 어리석은 황제들이 32년 동안이나 통치했을 때도 멸하지 않고 황금기를 누렸습니다. 그러나 흙의 기운이 떨어져 국토가 황폐해지면서 로마는 붕괴의 길로 들어서게 된 것입니다.

걸으면서 생각하고, 생각하면서 걸어야 할 것입니다. 역사책이 아니라 저려오는 다리로 오늘의 역사를 읽고 숨찬 심장으로 국토의 맥박을 느껴야 할 것입니다. 우리에게는 걷고 싶어도 걷지 못할 국토가 있다는 것을 절대로 잊지 말아야 할 것입니다.

분단된 국토지만 내 땅을 내 다리로 걸을 수 있다는 이 행복을 외치십시오. 걷는다는 것은 내가 자유로운 인간이요, 한국인이라는 것을 지구 위에 새기는 황홀한 도전인 것입니다.

– 2007년 6월 30일 이어령

흙을 버린 로마, 흙을 택한 에티오피아

한 발 한 발 흙을 디디며 살아가는 미래의 삶에, 우리 국토만 소중하고 우리 땅만 소중한 것은 아닙니다.

에티오피아는 아프리카 대륙의 모든 나라가 유럽의 식민지가 될 때 유일하게 자주성을 지킨 나라입니다. 유럽의 여러 국가들이 아프리카 대륙을 침략해 종단하고 횡단하며 유린할 때, 그들 중 누군가는 에티오피아에도 갔어요. 그 나라를 침략하기 위해 땅을 재고 항구를 측량할 때 에티오피아의 국민과 왕은 그들을 그냥 내버려 둡니다. 아니, 내버려 둔 정도가 아니라 환대를 해요. 먹을 것도 주고, 측량도 도와주고, 심지어 그들이 측량을 마치고 떠날 때엔 잔치를 열어주고 국왕의 근위병을 붙여 호위까지 해 항구로 데려다줍니다. 그런데 그 유럽 사람들이 막 배에 타려고 하는데 뒤따라온 근위병들이 신고 있던 구두를 벗겼습니다. 그리고 구두를 조심스럽게 털고 깨끗이 닦아낸 후 영문을 몰라 하는 서양의 탐험가들에게 황제의 말을 이렇게 전했습니다.

"그대들은 멀리 떨어진 강한 나라에서 왔다. 그대들은 에티오피아가 모든 나라 가운데 가장 아름답다는 것을 그대들의 눈으로 보았을 것이다. 이 땅의 흙은 우리에게 소중하다. 우리는 그 흙에 씨앗을 심고 우리의 죽은 자들을 묻는다. 우리는 피곤할 때 그 위에 누워 쉬고 들판에서 우리의 소 떼에게 풀을 뜯긴다. 그대들이 계곡에서 산으로, 평야에서 숲으로 걸어 다녔던 바로 그 오솔길들은 우리 조상의 발과 우리 어린이들의 발로 만들어진 것이다. 에티오피아의 흙은 우리의 아버지, 우리의 어머니, 우리의 형제다. 우리는 그대들을 환대했으며 귀한 선물을 주었다. 그러나 흙은 우리가 가지고 있는 가장 값진 것이다. 그러므로 우리는 그 흙을 단 한 알갱이도 줄 수 없다."

이것이 에티오피아의 정신입니다. 그 정신이 있었기에 유럽 국가들의 제국주의에 의해 아프리카 대륙이 유린될 때 유일하게 나라를 지킬 수 있었습니다. 이처럼 흙은 국토의 개념이고 내 생명의 개념이고 민족의 개념입니다. 여러분은 이 흙의 의미를, 앞으로 우주만큼 넓어지는 보편적 인류의 꿈과 접목시켜야 합니다. ▶에티오피아
이렇게 여러분들은《흙 속에 저 바람 속에》에서 본 한국인의 흙이 근대화

와 산업화를 거치며 사라져가고 도시화로 인해 그만큼 농촌의 흙이 메말라간다는 것을 알게 되었지요? 오늘날 도시 집중화, 농촌의 인구소멸 현상이야말로 쇠퇴로 가는 길이라는 것을 알아야 합니다. 농촌이 할아버지 할머니만이 사는 노인의 고장이 되고, 더는 아이 우는 소리가 들리지 않는 고장이 되게 해선 안 됩니다. 흙이 죽으면 민족이 죽어요.

네로나 칼리굴라 같은 포악한 황제의 폭정 아래에서도 로마는 망하지 않았어요. 그러나 흙이 죽어서 더 이상 생명을 길러내지 못할 때 망하고 맙니다. 흙이 없으면 노예가 무슨 소용이 있고 화려한 문명이 무슨 역할을 하겠어요.

에티오피아

에티오피아(정식 명칭은 에티오피아 연방 민주 공화국)는 2022년 현재 인구가 1억 1350만 명으로 세계에서 12번째로 인구가 많고, 아프리카에서 나이지리아에 이어 2번째로 인구가 많습니다. 수도는 아디스아바바.

6·25 당시 에티오피아는 군인 수천 명을 파병했습니다. 수개월 동안 배를 타고 망망대해를 건너 한반도에 도착, 피를 흘려주었어요. 아프리카 대륙 국가들 가운데 유일하게 지상군을 파병한 고마운 나라입니다.

북쪽으로는 에리트레아, 북동쪽으로는 지부티, 동쪽과 북동쪽으로는 소말리아, 남쪽으로는 케냐, 서쪽으로는 남수단, 북서쪽으로는 수단과 국경을 접하고 있어요.

80개 이상의 다양한 민족 그룹이 있는 다민족 국가로 아프리카에서 식민 지배를 당하지 않은 국가로 유명합니다. 다만 제2차 이탈리아-에티오피아 전쟁 당시 이탈리아에게 패배하여 5년 정도 강점된 적이 있어요. 그러나 에티오피아 전역을 장악하지 못했고 일부 지역은 하일레 셀라시에 황제를 지지하는 저항세력이 장악하고 있었다고 해요.

어쨌든 영국군 주도 연합군에 의해 이탈리아가 패배하면서 1941년 해방되었고 1944년 에티오피아에게 주권이 완전히 넘어갔습니다. 1947년 평화조약에 따라 이탈리아는 에티오피아의 주권과 독립을 인정했어요.

에티오피아는 아직은 농업 기반의 개발도상국이지만, 2004년부터 2009년까지 10% 이상의 경제 성장을 기록할 만큼 세계에서 가장 빠르게 성장하고 있습니다. 여전히 1인당 국민소득(GNI)이 세계에서 가장 낮은 수준으로 1000달러가 안 됩니다. 2020년 133위로 931달러입니다. (한국은 3만 1881달러로 세계 11위)

생명의 세렝게티 법칙

탄자니아 세렝게티 평원에 있는 국립공원은 아프리카 생명체의 보고라고 불립니다. 진화생물학자 션 캐럴(Sean B. Carroll)은 이 세렝게티에 생태계 법칙이 존재한다고 주장해요. 이름하여 '세렝게티 법칙'. 생명에 관한 대담하고 우아한 통찰입니다.

가령 초식동물인 검은꼬리누의 증감은 포식자인 사자뿐 아니라 기린의 증감에도 영향을 미칩니다. 검은꼬리누 개체 수가 늘어나면 풀이 감소하고, 이는 화재 감소 → 나무 증가 → 기린 증가로 이어지기 때문이죠. 이렇게 얽히고설키는 과정을 거쳐 먹이사슬이 안정적으로 유지된다는 것입니다. 그런데 야생 생태계뿐 아니라 우리 몸에도 이 법칙이 작용한다고 션 캐럴은 주장합니다. 우리 몸을 구성하는 37조 개 세포가 적당한 수만큼 유지되려면 '조절' 작용이 필요하다고 말합니다. 만약 '조절'에 실패하면 질병이 생겨요. 질병이란 결국 대부분 '조절' 과정이 체내에서 비정상적으로 이루어진 결과 나타나는 증상입니다. 어떤 물질이 너무 적게 또는 반대로 너무 많이 만들어질 때 일어나요. 예컨대 췌장이 인슐린을 너무 적게 만들면 당뇨병에 걸리고, 세포가 '조절' 능력을 잃어버려 정상을 넘어 분열하고 증식하면 암 덩어리가 되죠. 수질오염으로 비상사태를 몰고 온 1970년대 미국 이리호(Lake Erie)의 녹조 현상과 동남아시아 쌀농사 국가들을 집단 고사시킨 벼멸구의 습격 등도 생태계 '조절' 실패의 사례입니다.

따라서 우리는 이런 질문들, "지구는 왜 초록색일까?" "동물들이 먹잇감을 모조리 먹어치우지 않는 까닭은 무엇일까?" "어떤 동물이 한 장소에서 완전히 사라지면 무슨 일이 일어날까?" 등에 답할 수 있을지 모릅니다.

체내에 수많은 종류의 분자와 세포를 '조절'하는 생리적 법칙이 있고 또

주어진 환경에 서식하는 수많은 동식물을 '조절'하는 생태적 법칙이 있습니다.

성인의 몸을 구성하는 37조 개의 세포들은 200개가 넘는 종류로 구분됩니다. 이렇게 서로 다른 수많은 세포를 적당한 수만큼 생산하고 유지하기 위해서는 고도의 '조절'과 '규제'가 필요합니다. 20세기 분자생물학의 혁명과 더불어 인간은 생명을 분자적 수준에서 바라보게 되면서 바로 이 모든 것이 빈틈없이 '조절'되고 있다는 사실을 깨달았습니다.

지구상의 모든 서식처에서 최상위 포식자이자 가장 큰 소비자는 인간입니다. 션 캐럴은 동물학자 로버트 페인의 말을 빌려 "인간은 확실히 생태계를 독점하는 핵심종임이 틀림없다. 하지만 생태계의 법칙을 이해하지 못하고 끊임없이 생태계에 해를 가한다면 최종적으로는 패배자로 남을 것"이라고 경고합니다. 인간을 제어할 수 있는 유일한 종은 인간 자신뿐입니다. 20세기를 지배한 모토가 '의술을 통한 더 나은 삶'이었다면 21세기의 모토는 '생태학을 통한 더 나은 삶'이 되어야 할지 모릅니다.

모잠비크 내전(1차 1975~1992년, 2차 2013~2019년)으로 철저히 파괴된 고롱고사 국립공원이 10년간의 체계적인 복원 프로젝트를 통해 현재 아프리카의 어떤 보호 구역보다 다양한 종들이 살고 있는 야생동물의 낙원으로 탈바꿈한 사례가 있어요. 이것이 "미래에 대한 낙관적 희망"을 가지고 "함께 연대하고 행동해 나아가야" 하는 이유입니다.

역사는 밟힌 자의 역사

누군가 여러분에게 "너는 앞으로 어떻게 살래?"라고 묻는다면 "나 지렁이처럼 한 번 살아 볼래"라고 말하면 어떨까요. 한번 생각해보세요. 사실, 지렁이처럼 살면 밟힙니다.

하지만 우리 역사는 '밟은 자'의 역사가 아니라 '밟힌 자'의 역사예요. 미사여구가 아닙니다. '밟힌 지렁이'가 없었으면 어떻게 초목이 나오고 어떻게 나뭇잎이 다시 되살아나는 봄이 옵니까? 우리의 모든 역사는 '밟힌 자들의 역사'이기에 영웅이 생겨나고 지도자가 있어온 것이 아니겠어요? 그게 없었다면 어떻게 우리가 이 많은 사람들을 바라볼 수 있겠어요. 그러니까 우리는 앞에서 이야기한 암흑의 영웅, 무명의 영웅, 밟히면 꿈틀한다는 먹이사슬 최하위에 있는 지렁이의 울음을 들어야 합니다. 저 땅속에서 울리는, 사실은 울지도 못하는 지렁이의 울음을 들었다고 고집해야 해요. 실제로는 땅강아지의 울음이라고 해도 그걸 지렁이 울음이라고 합시다.

도시 사람들은 그걸 들을 기회가 없으니 녹음해서 가끔 들으세요. 저는 가끔 그런 상상을 해요. 찜질방에 지렁이 울음소리를 기증해서, 사람들이 거기서 찜질하면서 옛날 멍석에 누워 쉬고 있을 때 들려주는 거죠. 그러면 젊은 사람들은 "아, 저게 무슨 소리지?" 하지 않겠어요? 그럼 나이든 분들이 이렇게 이야기를 하는 거예요.

"옛날에 멍석 펴놓고 말이야, 흙에 누워서 별을 봤을 때 듣던 소리야. 지렁이가 우는 소리야. 저것은 땅강아지 소리 아니야. 내가 들었어. 저 지층(地層) 깊숙한 곳에서 지렁이가 울었다고. 과학자들은 지렁이가 무슨 소리를 내느냐고 역정을 내겠지만 지렁이는 분명히 울어. 내가 들었어."

이 글을 읽은 사람들이 그렇게만 말할 수 있어도 이 '한국인 이야기'가 헛된 것이 아닙니다. 앞으로도 우리나라 걱정을 안 할 자신이 있어요. 왜냐하면 지렁이는 한국인이 강하다는 증거니까요.

지렁이는 '밟히더라도' 무기물을 유기물로 만드는 생명의 통로입니다. 그런 사람이 된다면, 그러니까 흙을 기억하고 역사를 기억하면서 미래를 만드는 세대가 될 수 있어요.

한밤에 눈 뜨거든 귀를 기울여보세요

생명, 생명력이 어디로부터 옵니까. 물론 부모로부터 오지요. 그런데 그 부모의 생명은 어디에서 왔습니까. 흙에서 왔지요. 지렁이가 애쓴 결과로, 우리는 죽더라도 우리의 몸이 썩어 흙으로 돌아가 다시 꽃이 되고 작은 이파리가 되어 자자손손 순환하는 것을 생각하면 죽음도 별로 두려운 것이 아닙니다.

한국에 여러 가지 어려움이 있고, 그래서 도망치고 싶을 때, 그것 때문에 우리가 사방에 퍼진 겁니다. 그건 쫓겨난 것이 아니에요. 파종한 겁니다. 그러니까 '나쁜 정치를 한 사람도 애국하는 거야'라고 생각하면 속도 편하고 여러분들도 희망이 생기는 겁니다.

우리가 지금껏 추구해 왔고 또 끝없이 추구해 가야 할 것은 지렁이 울음 같은 삶이에요. 밟히고 또 밟히면서도 흙을 만들고 생명을 만드는, 그래서 먹이사슬의 최하위가 최상의 것으로 올라가 한을 푸는 지렁이 울음 말입니다.

어떤 색깔인지 몰라도 박완서의 소설 〈지렁이 울음소리〉에 나오는 '이태우 선생'처럼, 그땐 욕하던 이유를 몰랐지만, 욕쟁이가 한을 마음껏 풀 수 있었던 그때가 어쩌면 우리가 행복했던 시절이 아니었을까요? 욕쟁이 한이야말로 땅속 깊은 곳에서 솟아 나오는 지렁이 울음소리입니다.

자, 여러분에게 다시 말합니다. 한밤에 눈 뜨거든 귀를 기울여보세요. 지렁이 울음소리가 들릴 겁니다. 그건 분명 아파트 층간 소음이 아닐 겁니다.

"눈도 다리도 없고 소리 낼 목청도 없다는데 어떻게 지렁이가 울음소리를 낸다고 합니까?"라고 따지지 마세요. 그 소리는 우리 할머니가 밭에서 묻혀 온 흙냄새, 혹은 어머니의 친정집 시골 뒷마당에 묻어둔 어린 시절 우리의 생명 소리입니다.

끝나지 않은 한국인 이야기 | 전6권

별의 지도

이어령이 생의 마지막 순간까지 그렸던 꿈 · 이상 · 소망. 그가 끝내 닿고자 했던 하늘과 별의 이야기.

땅 속의 용이 울 때

도시는 고향을 떠난 실향민의 눈물과 추억으로 세워진 탑이다. 대도시의 아파트에서 한밤중에 눈을 떠 땅속의 지렁이 울음소리를 듣는 디아스포라의 문명 읽기.

바이칼호에 비친 내 얼굴(가제)

한국인의 정체성을 담고 있는 내 얼굴은 생물과 문화, 두 유전자의 공간과 시간을 찾아가는 신체 지도이다. 얼굴을 통한 한중일 세 나라의 비교문화사.

어머니의 반짇고리(가제)

옷은 날개이고 깃발이다. 그것은 우리가 추구하는 진선미의 하나다. 어머니의 작은 바늘과 반짇고리 속에 담긴 한국인의 마음, 한국인의 문화 이야기.

얘야 밥 먹어라 (가제)

아이들이 뿔뿔이 흩어져 제집으로 달려갈 때, 아무도 부르지 않는 빈 마당에서 저녁노을을 맞이하는 아이들. 한국 식문화의 어제와 오늘을 통해서 본 한국 번영의 출구.

강변에 세운 집(가제)

모든 문명은 그 시대의 건축과 도시로 축약되고 우리는 그 속에서 나와 민족의 정체성을 읽는다. 충격과 화제를 낳았던 강연 <건축 없는 건축>의 비밀스러운 내용.